De Jongens van de Diepenveenseweg

De oorlog gezien door tienerogen

Met speciale dank aan mijn vader, Anne Egbert van Nijen en aan Ria Kammann en Marion Kemeling.

Niets uit dit boek mag worden gekopieerd of gepubliceerd zonder schriftelijke toestemming van Renate van Nijen.

Boekomslag Renate van Nijen

www.renatevannijen.com

Layout Ferry Verhoeve

Inhoudsopgave

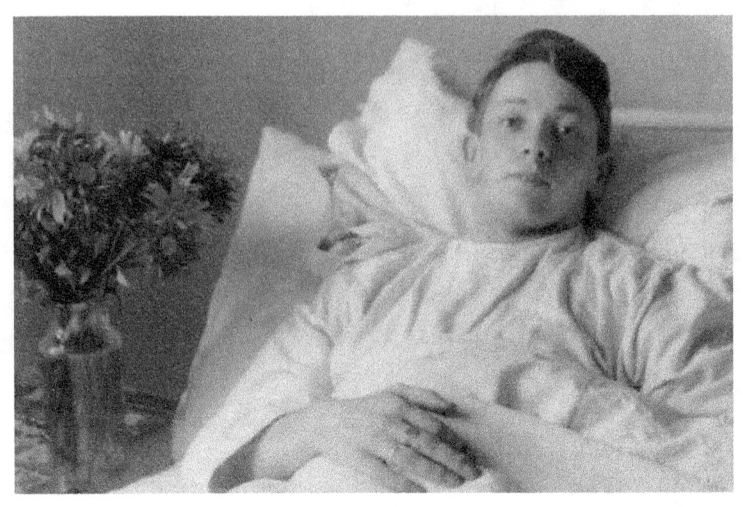

Opgedragen aan mijn oom Wim die ik door de
verhalen in dit boek een beetje heb mogen leren
kennen.

Derk Willem van Nijen Diepenveenseweg 259

(nu 18)

04-02-1927   -   25-07-1947 Deventer

Voorwoord

Een huis met een verhaal. Op negenentachtig jarige leeftijd kwam mijn nog bijzonder fitte vader naar Spanje om mijn zestigste verjaardag te vieren. En er kwamen verhalen los. Herinneringen die we samen delen, maar ook over zijn eigen belevenissen uit de oorlogstijd in de Hanzestad Deventer. Als je dit snel uitspreekt klinkt het als de stad van Han. De roepnaam van mijn vader, die officieel Anne Egbert heet, is namelijk Han, alleen heeft hij geen idee waarom hij Han werd genoemd.

Sommige 'geheimen' laat het verleden niet los, maar dit boek geeft je een indruk van het leven van mijn vader en zijn familie in oorlogstijd in bezet Deventer.

Het verhaal van mijn vader is vergelijkbaar met dat van velen die nooit zullen worden gehoord. Ik heb besloten deze herinneringen uit de oorlogstijd te documenteren in een verhalenbundel. Voor 'De jongens van de Diepenveenseweg' verwoord ik met name de gebeurtenissen in en in de buurt van het huis waar de familie van mijn vader indertijd woonde. Ik heb hiervoor mijn vader, Han van Nijen en zijn nog levende broers Laurens van Nijen en Fokke van Nijen geïnterviewd en ook informatie ontvangen van Evert Weltevreden, een neef van mijn vader en de zoon van 'Ome Henk' die in de verhalen in dit boek wordt genoemd.

Verder heb ik informatie ontvangen van de huidige bewoners van het huis, Marion en Joost, die mij o.a. video's en foto's hebben gestuurd van het huis waarin nog verschillende originele kenmerken van vroeger bewaard zijn gebleven. Vervolgens heb ik wat historische informatie over Deventer in de oorlogstijd verzameld. Ik verwoord deze informatie in een persoonlijke stijl. Via dit boekje wil ik je de gebeurtenissen in een huis in bezet Nederland in oorlogstijd, gezien door de ogen van een tienerjongen, laten meebeleven.

Een stukje geschiedenis

Deventer is een zogenaamde 'Hanzestad'. Maar wat is dat nu eigenlijk? Mede door de strategische ligging aan de IJssel stond de stad al in de tweede helft van de 8e eeuw bekend als een nederzetting van kooplieden. Als één van de oudste steden van Nederland werd er handel gedreven met Zweden en Noorwegen, maar ook met Engeland en de Noordduitse steden Lübeck, Hamburg en Bremen. Behalve producten zoals vis, graan en hout vervoerde men ook zout en wijn. Dankzij de gunstige ligging werd Deventer een belangrijk ontmoetingspunt voor handel over land en kreeg al snel een marktfunctie. Er werden meerdere jaarlijkse markten gehouden. Dit betekende ook dat het belangrijk was om deze handelsactiviteiten te beschermen. In groter verband was dit eenvoudiger en dat leidde ertoe dat Deventer deel ging nemen aan de Duitse Hanze. Dit was een verbond van kooplieden die met name handel dreven op de Oostzee. De Hanzeperiode was van de dertiende eeuw tot het begin van de vijftiende eeuw. De gunstige strategische ligging van Deventer was ook een belangrijke reden voor Nazi-Duitsland om Deventer te bezetten.

Diepenveenseweg 1940-1945

Het ouderlijk huis van mijn vader ligt aan de Diepenveenseweg in Deventer, ongeveer vijftienhonderd meter verwijderd van de voor de Duitse bezetters zo belangrijke spoorbrug. Het huis loopt wel wat beschadigingen op, zoals gesprongen ramen, kozijnen en heel veel gebroken dakpannen, maar het wordt niet geheel verwoest. Tijdens de oorlog heeft Deventer een belangrijke verzetsbeweging. Ook mijn opa, Fokke van Nijen, mijn oom Wim (Derk Willem), een oom van mijn vader (Henk Weltevreden), de huisbaas (Dhr. Gerritsma), en mijn vader Han van Nijen (ondanks zijn jonge leeftijd) zijn actief in het verzet.

Mijn vader was hier zich destijds niet zo van bewust. Pas op latere leeftijd vielen de puzzelstukjes op zijn plaats. Jonge mannen, zoals bijvoorbeeld studenten van de Koloniale Landbouwschool, sloten zich aan bij het verzet. Mijn oom Wim sloot zich ook aan. Teveel van hen lieten het leven. Hun namen zijn vermeld op verschillende gedenkstenen in Deventer. Ook mijn oom Wim, die in 1947 overleed aan de gevolgen van een verwonding uit de tweede Wereldoorlog.

Diepenveenseweg mei 2019

Het is een mooie zonnige dag in mei als mijn broer Fokke en ik de straat in rijden met aan de linkerkant het treinstation van Deventer. Aan de rechterkant staat het voor ons zo bekende pand, ons ouderlijk huis tijdens de oorlogsjaren 1940-1945. We parkeren de auto tegenover het huis. Het lijkt weinig veranderd, alleen de deur is niet meer hetzelfde. Vroeger zat er een donkergroene deur met een ovaal sier ijzeren raamwerk in. Als we oversteken lopen we even naar de poort waar we de zijkant van het huis kunnen zien. Bovenaan de bakstenen muur is de toenmalige reclame in oude eer hersteld door de huidige bewoners van het pand. Er staat 'Fa. N.J. Gerritsma, Groothandel in chocolade en Suikerwaren'. Er doorheen zie je nog de oude tekst 'Groothandel in chocolade, cacao, biscuits, suikerwerken, drops'.

Ik herinner me dat er vroeger ook reclame stond aan de voorzijde van het huis, net boven de ramen van de zolder. Links en rechts, vastgezet in de dakgoot, stonden reclameborden van vijftig bij driehonderd centimeter met daarop in grote letters geschreven 'Tjoklat en Kwatta'.

Marion en Joost hebben ons uitgenodigd om een kijkje te komen nemen in hun huis. Het voelt heel vreemd en bijzonder om hier na zoveel jaren weer te staan. Ik voel een mix van nieuwsgierigheid, blijheid en angst voor de herinneringen die gelijk al naar boven borrelen als ik naar het grote raam links kijk, wat vroeger de voorkamer was.

Wim ligt in bed. We hebben net wat grapjes gemaakt. Hij heeft veel last van zijn rug, maar houdt zich goed. Wim is mijn oudste broer en hij is drie jaar ouder dan ik, maar hij is veel rustiger. Ik ben een belhamel volgens mijn moeder. Ik kan moeilijk begrijpen dat hij zijn situatie zo goed kan accepteren. Hij is erg gelovig. Hij praat over de Here Jezus alsof het zijn beste vriend is, iets waar hij veel steun aan heeft. Hij is achttien jaar en is in zijn rug geschoten. De wond wil maar niet helen en hij heeft veel pijn. Hij kan bijna niet lopen en ligt de hele dag op bed in de voorkamer op de eerste verdieping. Ik houd hem iedere dag wel een tijdje gezelschap en hij moet altijd lachen om mijn praatjes.

Vandaag is het niet anders. Mijn jongste broer Fokke is bij ons, hij is vier jaar oud en zit op de grond te spelen met wat houten blokken. Ik loop naar het raam en kijk naar buiten en zie het perron liggen tegenover ons huis. Het station wordt bewaakt door SS'ers*. Er komen al geen gewone treinen meer binnen, behalve af en toe een goederentrein van de Duitsers. Er is geen personenvervoer meer. Alles staat stil. Ik kijk naar de overkapping met reclameborden en wat zitbanken en zie een SS'er staan met een geweer in zijn handen. Op een gegeven moment kijken we elkaar recht in de ogen. Ik ben baldadig en zwaai naar hem. "Weg dort, weg dort" schreeuwt hij tegen me, maar ik blijf gewoon staan. Hij richt zijn geweer op me en vuurt. Ik schrik me een ongeluk. De kogel mist gelukkig en raakt de dakgoot. Wim schreeuwt "weg van dat raam".

Wim en ik houden onze adem in, bijna verwachtend dat de Duitsers op de deur gaan kloppen om mij te straffen en hun macht te laten gelden. We zijn alledrie van slag want Fokke is ook heel erg geschrokken van de knal van de kogel tegen de dakgoot en de schreeuw van Wim. We wachten angstig af of er verder nog iets gebeurt.

Minuten verstrijken maar het blijft rustig. Ik heb mijn lesje wel geleerd.

Tot de dag van vandaag kan ik die angst voelen van toen. Het was best wel heftig. Ik kijk nog even naar het raam en besef dat ik als veertien jarige jongen maar heel weinig wist van mijn broer en wat er precies aan de hand was. Later, na de oorlog hoorde ik van mijn oom Henk Weltevreden dat mijn broer Wim in het verzet zat en uiteindelijk aan de verwondingen, opgelopen tijdens de oorlog, is overleden.

Er werd thuis nooit over gesproken en ik weet ook tot op de dag van vandaag niet wat voor rol hij speelde in het verzet, maar zijn naam staat wel op twee gedenkstenen voor verzetsstrijders, in Markelo en in Deventer. Zijn geheimen kan hij niet meer delen en zijn in de vergetelheid terecht gekomen. Zij die er getuige van waren en het na hadden kunnen vertellen, wilden dit niet. Het verleden werd afgesloten en verstopt in vergeten herinneringen.

* The SS (Schutzstaffel) was opgericht in 1925 om nazibijeenkomsten te beschermen, maar was latervooral bekend als paramilitaire organisatie onder bevel van Himmler. Ze gingen altijd gekleed in zwarte uniformen en werden ook wel 'zwarthemden' genoemd.

De bezetting een feit

We lopen richting de voordeur. Het pand, dat is gebouwd in 1896, is prachtig gerenoveerd en onderhouden door de huidige bewoners. De zachtgele kozijnen vormen een mooi contrast met de bakstenen muren. Ik zie de subtiele glas-in-lood ramen boven de twee grote ramen en boven de voordeur op de benedenverdieping, met in het midden een mooie witte bloem. Daar weer boven een smal, sierlijk stukje ijzerwerk dat wordt omlijst door rode en oranje bakstenen. Gek, dat heeft er vast altijd al gezeten, maar als jongeman was ik me daar nooit zo van bewust. Wel herinner ik me dat er een stenen brievenbus gleuf in de bakstenen muur naast de deur zat. Deze zie ik nu niet, omdat er een struik met witte bloemen voorstaat.

Er staat nu ook een boom aan de rechterkant voor het huis, die was er vroeger niet en er waren ook geen planten onder de ramen, wel een klimop die aan de rechterkant sierlijk tegen het huis opklom. De eerste verdieping, waar wij met onze familie woonden, herinner ik me goed. De houten kozijnen rond de ramen konden we naar boven schuiven en ik zie mezelf nog zo uit het raam hangen op een mooie zonnige dag, kijkend naar de treinen die regelmatig voorbij kwamen of stopten om reizigers in en uit te laten stappen. Er hingen vroeger groene houten luiken naast de ramen, die we 's nachts altijd dicht deden. Ook herinner ik me de dakkapel nog goed. De dakkapel was op zolder, waar ik sliep met mijn broers Henk en Laurens.

We lopen de twee treden naar de voordeur op. We worden hartelijk ontvangen door Marion en Joost. Het valt mijn broer Fokke en mij direct op dat de tegels van de vloer in de hal nog de originele tegels zijn. Mooie, bijna Spaans aandoende tegels, zo typisch voor de stijl uit die tijd. Ik kijk nog eens naar het voor mij zo bekende symmetrische patroon van de mozaïek tegels, met donkerrode, witte, lichtgele en blauwe vierkantjes en driehoeken, ook wel Spaanse of Portugese tegels genoemd. De tegelvloer buigt af naar rechts net voor de trap naar boven, maar wij gaan nu eerst rechts de woonkamer binnen. Ik krijg een 'flashback' en mijn gedachten dwalen af.

Ik sta buiten achter het hek dat toegang naar

de garage aan de zijkant van het huis geeft, met mijn broer Wim en Henk. Dit hek is er nog steeds, maar vroeger was het een ijzeren hek met spijlen, nu is het een houten poort. Mijn ouders en Gerritsma staan verdeeld over de gang en in het kantoor van meneer Gerritsma wat nu de woonkamer is. Ik ben tien jaar oud. De voordeur staat open. We kijken en luisteren naar de voetstappen van een regiment Duitse soldaten. De leren legerlaarzen vormen een ritmische basis voor wat de Duitsers zingen. "Wir fahren nach England". Ik kijk naar de geweren op hun rug.

We staan er met ongeloof en verslagenheid naar te kijken. Ze zijn op weg naar Olst, maar niet zolang hierna loopt datzelfde regiment Duitsers weer terug omdat ze kennelijk niet door konden lopen. Het heeft allemaal iets onwerkelijks. Mijn op een-na jongste broertje Laurens lag nog te slapen omdat onze moeder hem vanochtend nog niet had gewekt. Hij is wakker geworden van het vreemde, hard ritmische geluid en loopt de trap af naar de gang, waar hij allemaal koffers en tassen ziet staan. Moeder had een broodje voor hem klaargemaakt dat ze hem geeft.

Laurens herinnert zich dit moment nog goed, vertelde hij me onlangs. Hij was bijzonder onder de indruk van al die tassen en koffers in de hal met in het midden de kinderwagen, waar vermoedelijk ons jongste broertje Fokke in lag. Onze ouders hadden al deze spullen klaargezet voor het geval ze hals over kop het huis moesten verlaten. Zo ver kwam het gelukkig niet, het was niet nodig om te evacueren, maar die dag bleef het spannend. Laurens weet nog dat hij op de grond in het kantoor van Dhr. Gerritsma lag en hij kon door de luchtroosters de laarzen van de Duitsers zien. De hele middag was het een komen en gaan van regimenten Duitsers en het was indrukwekkend en heel angstig tegelijk. De Duitse inval was een feit.

Op tien mei viel Duitsland het oosten van Nederland binnen. Deze inval kwam overigens voor Deventer en de rest van Nederland niet als een verrassing. Al in 1936 waren de Nederlandse politietroepen in samenwerking met de militaire politie bezig om voorbereidingen te treffen. Er werden verdedigingswerken geplaatst en de IJssellinie, die weerstand moest bieden aan de dreigende inval, werd opgericht. Bruggen werden van explosieven voorzien en Steenenkamer en de Worp, dit zijn wijken van Deventer, werden geëvacueerd zodat ze er mijnenvelden konden creëren.

Aan de overkant van de IJssel werden zogenaamde 'kazematten' gebouwd. Dit zijn betonnen bunkers. De verdedigingslinie leek sterk en Deventer was er 'klaar voor'. In eerste instantie leek het alsof de Duitsers konden worden tegengehouden met het opblazen van twee van de drie bogen van de spoorbrug op 10 mei 1940, maar Deventer werd alsnog verrast door de pantsertrein die de Duitsers hadden ingezet om een gat in de Nederlandse verdediging te slaan. Zonder vaart te minderen denderden ze gewoon door de verdedigingslinie heen en wisten bij Zutphen de rivier over te steken. De strijd was een dag later al voorbij en de bezetting van Deventer en omstreken een gegeven.

Meneer Gerritsma

In de woonkamer worden we getrakteerd op een lekkere bak koffie. De ramen aan de voorkant zien er nog net zo uit als tijdens de oorlog en ook de openslaande deuren naar het binnenplaatsje zijn dezelfde als van toen. Ik herinner me deze ruimte heel goed als kantoorruimte van meneer Gerritsma. Hij had een grossierderij in suikerwerken en zoetwaren, zoals dit destijds werd genoemd.

Nicolaas Johannes Gerritsma was geboren in Friesland, maar toen hij rond de vijfendertig jaar oud was is hij naar Deventer verhuisd. Hij was een slanke, lange, markant uitziende man, die altijd met een opvallend kaarsrechte rug liep. Ik zie zijn smalle, langgerekte gezicht met een dikke bos grijs haar nog zo voor me. Hij had hele donkere wenkbrauwen en droeg een zilverkleurige bril met een half-rond montuur. Ik kon het goed met hem vinden en mocht hem graag, want hij was altijd vrolijk.

Al voordat we naar het pand aan de Diepenveenseweg verhuisden kwamen mijn broertjes en ik graag bij hem en zijn toenmalige vrouw over de vloer. We kregen meestal wat snoepgoed en mochten dan spelen in de tuin. Dat was altijd een avontuur. In die tijd woonden we nog in het Goldenbeltstraatje. Daar waren we in 1937 vanuit de Worp naartoe verhuisd. Ik weet het niet zeker, maar ik vermoed dat dit was omdat de inwoners van de Worp rond die tijd werden geëvacueerd vanwege de dreigende oorlog.

Ook mijn oom Henk Weltevreden en zijn vrouw, tante Annie, die een zus was van mijn moeder, woonden in het Goldenbeltstraatje in een pand van Gerritsma. Ome Henk werkte als vertegenwoordiger bij de groothandel van snoep en suikerwaren en reed door het hele land met een prachtige T-Ford bestelwagen. In 1938 stierf de vrouw van meneer Gerritsma en hij wilde liever niet alleen in het grote pand blijven wonen. Hij had wel kinderen, maar die waren het huis al uit, daarom vroeg hij aan mijn ouders of deze bij hem in wilden trekken op de eerste verdieping en de zolder.

Hij kwam altijd tijdens de lunch, destijds de hoofdmaaltijd van de dag, de warme maaltijd bij ons nuttigen. Dit was meestal in de eetkamer aan de voorkant van het huis, op de eerste verdieping.

Als je binnen stond was dit aan de linkerkant, de woonkamer was aan de rechterkant. Maar de keuken in het pand was op de begane grond en je kon er komen door net voor de trap rechts het gangetje in te lopen. Dan kwam je eerst aan de linkerzijde langs de deur naar de grote kelder, en daarna zat de deur naar de keuken.

Mijn moeder kon heel goed koken en van heel weinig ingrediënten een heerlijke maaltijd bereiden en Gerritsma kwam graag bij ons eten. s'Avonds maakte hij dan een boterhammetje voor zichzelf beneden. Er zaten schuifdeuren in het kantoor die toegang gaven naar de grote slaapkamer waar hij sliep. Hij had daar een klein keukenblokje in gebouwd waar hij koffie kon zetten en zijn ontbijt en avondeten klaarmaken. De schuifdeuren naar de slaapkamer zijn er niet meer, er is nu een mooie ruime keuken.

De openslaande deuren naar het binnenplaatsje achter het hek herinner ik me nog goed. Deze binnenplaats gaf toegang tot een grote garage. Hier stonden de T-Ford en een oude Dodge uit 1930 van Gerritsma en een aantal fietsen. Naast de garage zat rechts een kleine trap van twee treden met een schuifdeur naar een heel groot magazijn. Dit magazijn liep door naar de achterkant van het huis. Daar zat een grote deur die uitkwam in het Goldenbeltstraatje, deze deur is er nog altijd.

Het magazijn was voor de suikerwaren-handel. Via de deur in het Goldenbeltstraatje konden de suikerwerken worden ingeladen en uitgeladen. Boven het magazijn zat een grote ruimte. Hier waren allemaal meubels opgeslagen. Op een dag, ik was wat aan het rondsnuffelen in het huis, zag ik deze meubels, prachtige kasten, tafels, stoelen, klokken... Het stond helemaal vol. Ik keek mijn ogen uit. "Mamma, waarom staan er zoveel meubels in de ruimte boven het magazijn?" vroeg ik aan mijn moeder. "Ssst" zei ze, "dat mag je nooit tegen iemand vertellen, echt helemaal nooit. Gewoon vergeten, doe maar net of je het niet hebt gezien, maar absoluut nooit met iemand over praten. Niet met je vriendjes, niet met je broers, niet op school, ook niet met de meester op school, echt met helemaal niemand, begrepen?"

Jaren later, na de oorlog, hoorde ik van mijn Oom Henk dat dit meubels waren van Joodse mensen die of waren ondergedoken of al afgevoerd naar concentratiekampen en die verwachtten dat ze wel terug zouden komen. Na de oorlog zijn deze meubels teruggegeven aan de rechtmatige eigenaren als ze de oorlog hadden overleefd of aan nog in leven zijnde familieleden.

In de eerste jaren van de oorlog, van 1940 tot en met 1943 en ook nog wel een deel van 1944, ging het leven door alsof er niets aan de hand was. Wij, mijn broers en ik, gingen iedere dag naar school en de suikerwaren groothandel liep gewoon door. We waren ons wel bewust van de oorlog, want alhoewel het relatief rustig was hoorde je dagelijks, al vanaf het begin van de oorlog, het geronk van zware bommenwerpers van de geallieerden die over Deventer naar Duitsland vlogen. Ze werden altijd begeleid door 'Spitfire' vliegtuigjes, dit waren kleine gevechtsvliegtuigen van de Engelsen, die de grote vliegtuigen moesten beschermen, zo werd ons verteld. Soms vlogen er wel veertig bommenwerpers per dag over. Je raakte gewend aan dit geluid.

Pas tegen het einde van de oorlog, begin 1945 mochten we niet meer naar school omdat dit te gevaarlijk werd. Ik kreeg wel orgelles in die tijd van mijn oom Henk want die was organist in de kerk. Ik speelde vaak op het orgel dat wij thuis hadden. Ook mijn vader speelde daar graag op, maar hij kon maar twee liedjes spelen. 'Nader mijn God tot u' en 'Blijf bij mij heer'. Grappig hoe zoiets je bijblijft.

Tijdens die eerste jaren van de oorlog mocht ik soms mee met meneer Gerritsma in de mooie Dodge naar een koekfabriek in Terborg. Ik vond dat geweldig. Gerritsma zong de hele weg liedjes uit volle borst terwijl we met veertig km per uur door het landschap reden. Er waren niet veel auto's op de weg en we hadden veel bekijks. In de fabriek ging hij altijd koek halen voor de groothandel.

Ik mocht dan zogenaamde 'kantkoek' meenemen naar huis. De koek werd namelijk in mooie vierkante stukken gesneden en de randjes die eraf vielen noemden ze kantkoek en deze werd in grote tonnen gedaan. Dit werd normaal gesproken weggegooid, maar de jongens in de fabriek zeiden dan tegen mij "Neem maar mee wat je hebben wilt jongen". Dan kreeg ik een hele grote zak met kantkoek mee. We hadden natuurlijk niet zoveel, dus dat was een hele traktatie. Onderweg terug naar Deventer in de Dodge at ik er zoveel van dat ik helemaal misselijk was en drie dagen lang aan de diarree. Maar er was ook nog heel veel over voor de rest van de familie. Ik koester deze herinnering, behalve de diarree natuurlijk!

In 1944 werden de Dodge en ook de T-Ford bestelauto door de Duitsers in beslag genomen. De Dodge was toen al helemaal uit elkaar gehaald en alle waardevolle onderdelen eraf gesloopt door mijn oom Henk. De Duitsers namen hem toch mee, want ze konden alles gebruiken.

Het laatste jaar van de oorlog ging meneer Gerritsma in zijn kantoor slapen en mochten mijn broers Henk, Laurens en ik, in de slaapkamer van hem slapen. Toen wij op de begane grond in de slaapkamer van Gerritsma mochten slapen, was mijn broer Wim al gewond en kon bijna niet meer lopen, hij lag in de woonkamer op de eerste verdieping. Daarnaast waren nog twee slaapkamers. In één van die kamers sliepen mijn ouders met mijn jongste broertje Fokke en in de andere kamer sliep Gre. Ik weet helaas haar achternaam niet meer. Ze was directrice bij de EPA, dat was net zoiets als de tegenwoordige Hema. Ze huurde deze kamer bij ons en at altijd met ons mee.

De reden dat we in de slaapkamer van Gerritsma mochten slapen was omdat we dan snel naar de kelder konden rennen om te schuilen voor de bombardementen tijdens een luchtalarm, wat vanaf de tweede helft van 1944 met grote regelmaat gebeurde. Ik hielp mijn vader dan altijd om Wim op een keukenstoel naar de kelder te dragen, want hij kon zelf niet meer de trap af lopen. Gerritsma ging nooit mee de kelder in. Ik geloof omdat hij het niet erg vond om te overlijden, maar zeker weten doe ik het niet.

Aan het begin van 1944 zijn we ook een aantal maanden geëvacueerd. Wim was al werkzaam voor de ondergrondse en sliep bij een melkboer waar hij ook werkte, hij was toen nog niet gewond. Wij sliepen en waren in de kost bij een ouder echtpaar in de Tuinstraat, vijfhonderd meter achter ons huis. Ik weet niet meer of Gerritsma daar ook bij was. Alle huizen in ons rijtje werden geëvacueerd. Dit was op bevel van de

Duitsers omdat ze wilden dat we weggingen uit de omgeving van het station. Ik vermoed dat dit was omdat er regelmatig goederenwagons met munitie langskwamen die ook vaak uren stilstonden. Deze werden een doelwit voor de geallieerden, dus het werd te gevaarlijk. In die tijd waren alle Joden al weggevoerd.

Ik ging iedere dag wel even naar huis om Trixie, ons hondje dat in de garage verbleef, te voeren. Omdat ze zo eenzaam was, hadden we er ook een poesje bij gedaan, maar deze was na een maand of drie zo ziek dat we haar hebben moeten laten inslapen bij de dierenarts. Trixie kreeg tijdens die periode niet echt goed te eten en haar pootjes groeiden krom, maar ze heeft de oorlog wel overleefd en is uiteindelijk tien jaar oud geworden. Na de evacuatie mochten we gewoon weer terug naar huis.

De laatste winter van de oorlog, in januari en februari 1945, sliepen we in de kelder. Gre sliep ook bij ons in de kelder. De rest van het huis was te gevaarlijk geworden, omdat er regelmatig werd gebombardeerd door de geallieerden die de spoorbrug als doelwit hadden. Er was een bed voor

Wim gemaakt achter in de kelder. Gerritsma sliep nooit in de kelder, het leek wel of hij geen angst kende.

Gerritsma sprak graag Fries, zijn moedertaal. Mijn oom Henk heeft de Friese taal van hem geleerd zodat ze samen in het Fries konden converseren. Ook maakte hij heel vaak een oud Fries hoofdgerecht dat 'Potstro' heet. Vroeger werd het zelfs 'Luie Wievenkost' genoemd omdat het zo makkelijk was om snel klaar te maken. Tsjonge wat vond ik dat lekker zeg. Als ik eraan denk loopt het water in mijn mond.

Die potstro aten we wel één keer in de week en iedereen vond het heel erg lekker. Het werd gemaakt van boekweitmeel met karnemelk en dan een kuiltje erin en daar werd dan spek en spekvet in gedaan.

Gerritsma heeft de oorlog overleefd en we bouwden ons leven weer op. Alle schade aan het huis werd gerepareerd, zoals de grote ramen aan de voorzijde, die tijdens de oorlog regelmatig uit de sponningen sprongen door de vele bombardementen. Ze waren tijdens de oorlog vervangen door hout met een klein raampje erin. Na de oorlog werd de houten betimmering van de ramen weggehaald en werden ze in oude ere hersteld met glas. Wij gingen ook weer boven slapen en meneer Gerritsma weer in zijn slaapkamer op de begane grond.

Ik heb nog veel herinneringen aan deze bijzondere man die ik toch wel als een soort vriend zag. De eerste december na de oorlog, ik was vijftien, vierden we het Sinterklaasfeest samen. Gerritsma was Sinterklaas en ik zwarte piet. Ik werd helemaal zwart gemaakt. We gingen naar de EPA winkel en ook Fokke, mijn jongere broertje verrassen. Naderhand zei Fokke, die toen vijf jaar oud was, tegen mijn moeder "Zwarte Piet had de schoenen van Han aan mamma"!

Gerritsma ging pas op achtentachtigjarige leeftijd met pensioen. Hij had zijn groothandel toen al zestig jaar lang gerund. Hij is uiteindelijk drieënnegentig jaar oud geworden en stierf op 26 januari 1976

Eten in oorlogstijd

De keuken op de begane grond was heel ruim. Aan de linkerkant stond een grote potkachel waar mijn moeder op kookte in de winter. In de zomer kookte ze op een gasstel met butaan gasflessen. Rechts van de potkachel was het aanrecht. Als je daar langs liep, zat er een witte houten, openslaande deur met glas naar een kleine binnenplaats van vier bij vier meter. Gelijk buiten de deur was een afdakje van één meter breed zodat je droog bleef als het regende en je naar de garage moest lopen. Links zat een WC, een buitentoilet, en rechts het kolenhok met kolen voor de potkachel. De waterleiding van de WC bevroor in de winter altijd, dus zodra dit gebeurde werd het water afgesloten. Als je dan naar de WC ging nam je een emmer met water en zout mee uit de keuken om je behoefte weg te spoelen. Iedereen in het huis moest van dit ene toilet gebruikmaken.

In de keuken stond ook een grote tafel, waar we soms met z'n allen aten, maar meestal aten we boven op de eerste verdieping in de eetkamer. Ook op de eerste verdieping was een grote badkamer met een ligbad en een wastafel. Er was geen toilet.

Wel stond er een tafel met een vierpits gasstel dat werkte op butagas. Hier kookte mijn moeder regelmatig. Het ligbad werd niet gebruikt. Er waren planken op het bad gelegd en hierop lagen borden, lepels, vorken, messen en andere hulpmiddelen en specerijen die mijn moeder gebruikte als ze daar ging koken.

De eerste paar jaar van de oorlog was het relatief eenvoudig om eten te kopen. Naast de magazijndeur in het Goldenbeltstraatje waren twee woonhuizen die ook van Gerritsma waren. In één van die twee huizen woonden Henk en Annie en in de andere woonden wij voor de oorlog. Aan de andere kant van het magazijn van Gerritsma stond een hoekwoning met daarin een kruidenierswinkel, waar je ook tijdens de eerste jaren van de oorlog nog van alles kon kopen. Niets was verpakt en de erwten, verse groente, chocolade, suiker, en allerlei andere kruidenierswaren zaten allemaal los in dozen en kisten.

Maar vanaf 1944 werd eten schaars. Mijn vader collecteerde voor de blindenvereniging en ging regelmatig naar de boeren in de streek om te collecteren. Hij kwam altijd terug met heel veel eten, zoals eieren, bonen en spek. Met name het spek werd één keer per week gebruikt door Gerritsma om 'Potstro' te maken voor het hele gezin. Meneer Gerritsma was eigenlijk gewoon onderdeel van ons gezin geworden. Ik herinner me ook dat ik in de oorlog met vriendjes knollen ging jatten op het land van boeren in de buurt. We namen dan een stuk of tien knollen mee naar huis. Alhoewel eten in die laatste jaren schaars was geworden, kan ik me niet herinneren dat we ooit honger hebben geleden. Dat knollen jatten was ook gewoon spannend en een typische kwajongensstreek. Ik geloof niet dat ik er ooit voor ben gestraft of gereprimeerd door mijn ouders. Het was een tijd van overleven en alles wat we konden eten werd gebruikt.

Ik bedenk me opeens dat ik ook wel eens met mijn vader en mijn broer Laurens naar de zogenaamde gaarkeuken ging om eten te halen, volgens mij kregen we daar vooral soep en stamppot. Een gaarkeuken was een plek waar men tijdens de oorlog gratis of voor heel weinig geld een warme maaltijd kon halen. Vaak op initiatief van charitatieve organisaties of kerken. Vergelijkbaar met de tegenwoordige voedselbank.

Ik vermoed dat dit was in weken waarop het mijn ouders niet was gelukt om eten bij een boerderij te halen.

Op het binnenplaatsje vanuit de keuken zat ook een deur naar de garage en in de garage zat dan weer een deur naar de grote tuin achter het huis. Achterin de tuin was een soort prieeltje, dit was overdekt en daar kon je ook zitten, wat mijn ouders in de zomermaanden vaak deden. Het was een heerlijke tuin voor ons om in te spelen en te ravotten. In de tuin stond ook een hoge heg, met daarin weer een doorgang, die we zelf hadden gemaakt, die toegang gaf tot de tuin van Ome Henk en Tante Annie.

Ondanks de oorlog hadden we in die beginjaren een redelijk onbezorgde jeugd. We hadden ook een hond, die hebben we Vriendin genoemd. Het was een gele Hollandse herder die aan was komen lopen. We waren echt gek op dat beest. Ze kreeg een keertje jongen en gelukkig vonden we een goed huis voor al die honden. 'Vriendin' overleed in 1944, maar ik weet niet meer waaraan. We kregen toen Trixie van iemand, die het laatste jaar van de oorlog in de garage woonde.

Eigenlijk heb ik alleen maar leuke herinneringen aan de tuin. Als je de tuin inliep stond er links tegen de muur een grote struik met morellen, waar mijn moeder altijd jam van maakte. Ietsje verderop stonden een hele mooie, grote witte en een blauwe seringenboom en in het midden van de tuin stond een enorm grote pereboom. Het was mijn taak om de peren te plukken. Ik klom er altijd in, maar we hadden ook een speciale grijper hiervoor. De boom gaf ieder jaar emmers vol met peren, dus perenjam en gestoofde peren stonden het hele jaar door op het menu. Vlakbij de perenboom stonden vier rode bessenstruiken en twee kruisbessenstruiken. Ook hier maakte mijn moeder jam van, maar als de bessen rijp waren aten we ze ook vers met 'hangop'. Dit werd gemaakt van verse melk, gewoon direct van de koe.

Vroeger werd karnemelk gemaakt door verzuurde room te karnen. De boter werd afgeschept en wat overbleef was een zure vloeistof, karnemelk. Dit werd dan door een theedoek in een emmer gegoten. De melk sijpelde langzaam door de theedoek en wat er nog in de theedoek bleef hangen was de 'hangop', dit was net yoghurt. Dit moet tijdens de eerste jaren van de oorlog zijn geweest, want vanaf 1944 was er volgens mij geen verse melk meer.

Vlakbij de perenboom had mijn vader ook twee grote palen in de grond gezet, met daartussen ook weer een grote stok, een beetje zoals een goal. Hier werden de vloerkleden uit het huis overheen gehangen om ze te kloppen met de 'klopstok', bij de meeste mensen bekend als een 'mattenklopper', zodat we ze helemaal schoon konden kloppen. Ook goed om je frustratie kwijt te raken.

Er komen weer allemaal herinneringen bij me boven als ik aan de tuin denk. Tijdens de oorlog verbouwde mijn vader er tabak, onder een paar oude glasplaten. Wanneer de bladeren rijp waren, werden ze geplukt en op de kachel gedroogd. Mijn vader rookte hier dan sigaretjes van in bruin vloeipapier gerold. Zo heb ikzelf ook leren roken. Stiekem, want dat mocht natuurlijk niet. Ik was ongeveer veertien jaar, ik jatte de vloeitjes en heb toen zelf sigaretjes gedraaid. Ik vond het helemaal niet lekker, maar ik voelde me wel super stoer. Ik heb geen idee of mijn ouders ervan wisten, ze hebben nooit iets gezegd, maar ik kan me voorstellen dat ik wel naar tabak rook. Ik rookte altijd buiten, nooit binnen, en altijd alleen.

Pas in de oorlog gingen we konijnen fokken, er werden drie grote hokken voor ze getimmerd in de garage. Ik kreeg de opdracht van mijn ouders om voor de konijnen te zorgen. We hadden besloten om de konijnen in de garage te houden en niet in de tuin, want mensen in oorlogstijd worden soms wanhopig en doen dan dingen die ze anders mogelijk niet zouden doen. Zo hadden ome Henk en tante Annie een heel groot konijn in een hok in hun tuin wat ze tot de kerst wilden bewaren, maar net voor de kerst werd het konijn gestolen.

Ik was pas dertien jaar oud toen mijn ome Henk me leerde hoe ik konijnen moest slachten. We hadden twee rammen en vijf grote vlaamse reuzen. Die werden dan steeds bij elkaar gezet en met name aan het einde van de oorlog aten we vooral konijn. Ik moest zeker één maal in de week een konijn slachten, want veel anders was er niet. Ik hoor mijn moeder nog roepen "Han, ga jij maar even een konijn slachten jong". Het was al iets heel normaals voor me geworden. Ik liep naar de garage en slachtte een konijn. Ik kan me dat nu niet meer zo goed voorstellen, maar toen was het heel gewoon en eerlijk gezegd ook een noodzaak. Onze buren en ook wijzelf en ome Henk en tante Annie bewaarden de aardappelschillen en die gingen naar de konijnen. Ook gaven we ze vers gras en paardebloemen als die er waren en soms wortels, maar die werden, met name aan het einde van de oorlog, te schaars en door onszelf opgegeten.

Mijn moeder ging ook regelmatig te voet naar boeren in Wilp, via de Worp, om eten te kopen, omdat eten in de stad schaars was geworden. Ze nam de kinderwagen mee waarin mijn jongste broer Fokke lag te slapen, maar ook mijn jongere broertje Laurens en ik liepen met haar mee. We moesten dan over de IJssel, die streng werd gecontroleerd door de Duitsers. Iedereen moest altijd alles laten zien wat ze bij zich hadden, maar met mijn broertje Fokke in de kinderwagen, die toen toch al twee of drie moet zijn geweest, en met haar jonge jongens mocht mijn moeder altijd gewoon doorlopen. Het was zo'n ouderwetse kinderwagen met heel veel ruimte onderin, wat aan de buitenkant niet echt te zien was. Het was vijf of zes kilometer lopen van Deventer naar Wilp.   Tijdens de oorlog was het verboden om etenswaren te halen, maar moeder smokkelde aardappels, appels, wortels en andere groentes, als deze voorhanden waren, maar ook roggemeel, in het ondergedeelte van de kinderwagen. We moesten dan over de schipbrug lopen. Dit is, simpel gezegd, een brug die bestaat uit een groot aantal platte schuiten die tegen elkaar aanliggen in de lengte van de rivier met daarover een wegdek. Alleen aan de walkanten, de zogenaamde 'landhoofden', zat het wegdek vast. Er was een uitvaarbaar gedeelte, zodat de scheepvaart er ook door kon.

Met name bij hoog water, wat regelmatig voorkwam, moest je flink omhoog lopen om op de schipbrug te komen. Volgeladen met aardappels en groenten was de kinderwagen heel zwaar en wij moesten dan, zo onopvallend mogelijk, helpen duwen om geen argwaan te wekken. Ik heb het geheel steeds weer als een spannend avontuur ervaren. Ik kan me niet goed herinneren of ik me ervan bewust was dat het ook best wel gevaarlijk was. De boer waar we het eten haalden was heel erg aardig tegen mijn broers en mijzelf en we kregen altijd wat extra's, zoals fruit, als dit in het seizoen was.

Als gezin in Deventer hebben we best wel geluk gehad besef ik nu. Met name tijdens de hongerwinter, van september 1944 tot april 1945, tot aan de bevrijding dus, liepen mensen vaak van Amsterdam naar Twente om groente te halen. Ze sliepen dan op een boerderij voordat ze weer terugliepen. Een familielid van mijn vader, die opgroeide op een boerderij, herinnert zich een moeder met drie kleine kinderen die vanuit Amsterdam naar Wilp was komen lopen om eten te halen. Het is bijna niet voor te stellen, alhoewel vergelijkbare situaties ook vandaag de dag nog een realiteit zijn voor heel veel volwassenen en kinderen over de hele wereld.

Maar het gevoel wat ik zelf krijg nu al deze herinneringen weer naar boven komen, is dat er toch ook heel veel goede mensen waren in Nederland, die hun eigen leven riskeerden om anderen te helpen. Zo ook mijn eigen familie...

Een familie in het verzet

Ik hoor stemmen beneden in de hal en loop de trap af, ik ben nieuwsgierig. Ik zie ze staan, Willem Jan en Jaap Tensen, door iedereen de gebroeders Tensen genoemd. Ze komen regelmatig bij ons over de vloer en ik ben altijd zwaar onder de indruk. "He Han, hoe geet het met oe jong" zegt Jaap met een vriendelijke glimlach en Willem Jan geeft me een schouderklopje. Ze zijn groot en sterk, mooie koppen. Willem Jan heeft een hazenlip, maar daar lijkt hij niet mee te zitten. Ze zijn altijd heel aardig tegen mij en doen net alsof ik erbij hoor. Dat geeft me een goed gevoel. Pa, Gerritsma, mijn broer Wim en de broers gaan naar de keuken. Ze kijken serieus. "Han, naar boven, ga je moeder maar helpen" zegt pa en ik doe wat hij zegt.

Ik geloof dat dit het moment was waarop ik als dertienjarige jongen doorkreeg dat mijn vader, broer Wim en Gerritsma iets deden wat verboden was. Ik voelde me best een beetje trots. Ik had wel gehoord van het verzet en als jonge jongens hadden al mijn vriendjes en ik op school al enorm de pest aan de Duitsers, maar er werd eigenlijk nooit specifiek over de oorlog gesproken. Zeker niet bij ons thuis en onbewust wist ik als tienerjongen dat ik daar niet naar mocht vragen, dus dat deed ik ook nooit. Ook na de oorlog niet en dat vind ik nu wel jammer. Alles werd weggestopt, men wilde het er niet meer over hebben.

Na de oorlog hoorde ik dat de broers zijn gefusilleerd. Willem Jan was pas vijfentwintig jaar oud en Jaap vierentwintig. Ze konden volgens zeggen niet tegen onrecht en hadden altijd voor iedereen een vriendelijk woord, dat laatste was ook zeker mijn ervaring. Ik heb me er laatst eens in verdiept en het heeft mijn herinnering aan deze dappere mannen verstevigd. Ze kwamen uit Haerst. Ik vond ook een foto via internet van Jan Willem met Piet Stil, een leraar uit Rotterdam zo lees ik. Piet was tijdens de Tweede Wereldoorlog veel te vinden, en voor een tijd een vaste bewoner, op 'Het Schip'. Dit was een schip dat verscholen lag in het riet, bij de monding van de Vecht, en werd gebruikt door een groep verzetsmensen uit Zwolle. Geallieerden uit neergeschoten vliegtuigen werden daar tijdelijk ondergebracht totdat ze een veilige manier vonden om ze terug te laten keren naar Engeland.

Er werden ook andere onderduikers ondergebracht en de gebroeders Tensen kwamen er vaak. Heel veel mensen wisten van het schip en het is heel bijzonder dat het nooit is verraden. Wel werd Piet op een gegeven moment opgepakt, maar hij wist te ontsnappen en hij ging toen onderduiken. Kennelijk heeft Jaap Tensen toen nog gezegd "De Duitsers krijgen ons niet", maar vrij kort daarna ging het toch mis. In huize Tensen zat ook een Joodse onderduiker. Toen de Duitsers eraan kwamen voor een razzia in Haerst, waren de broers allebei thuis en vluchten door de achterdeur een ernaast gelegen weiland in, in de hoop dat ze niet direct zouden worden gezien.

De Joodse onderduiker, Hans Marius Koopal uit Amsterdam die vierentwintig jaar was, zat daar ergens in een hol onder de heg te schuilen, maar in plaats van daar te blijven, rende hij, waarschijnlijk in paniek, achter Willem Jan en Jaap aan. Hij kon niet zo hard rennen en werd al snel gepakt en tot bloedens toe ter plekke toegetakeld. Er werd door twee groepen op Jan Willem en Jaap geschoten, ze moesten steeds gaan liggen voor het vuur en werden ingehaald en opgepakt.

Hans Marius werd op 3 oktober 1944 samen met nog vijf andere personen doodgeschoten. Jaap en Willem Jan werden vervolgens op 13 oktober 1944 gefusilleerd, ook met nog vijf andere burgers. Ik vind het nogal heftig allemaal, want ik kan ze me zo goed herinneren.

Alhoewel er thuis nooit over werd gesproken, kreeg ik met name tegen het einde van de oorlog wel het een en ander mee. Zo luisterden mijn vader en mijn oom Henk altijd naar 'Radio Oranje', een Nederlands radioprogramma dat tijdens de Tweede Wereldoorlog via de Europese BBC in Londen werd uitgezonden naar Nederland. Het waren altijd korte uitzendingen met actuele zaken en nieuws, o.a. over de Vrije Nederlandse strijdkrachten. De eerste uitzending van Radio Oranje was op 28 juli 1940, het was een toespraak van Koningin Wilhelmina. Het was strikt verboden door de Duitsers om hiernaar te luisteren.

Alle radio's moesten worden ingeleverd, maar daar hebben mijn ouders geen gehoor aan gegeven. Mijn vader had een oude radio, maar die hebben ze toen bij ome Henk in huis gezet. Mijn oom Henk had alle bedrading van het apparaat verwijderd en de radioversterker stond bij mijn oom en tante thuis op het orgel. Als er dan mensen op bezoek kwamen (je wist tenslotte nooit wie 'fout' was en heulde met de Duitsers tijdens de oorlog) die vroegen hoe het kwam dat de radio niet was ingeleverd, dan zei ome Henk. "Och dat is een oude antieke radio, hij werkt niet meer, maar heeft sentimentele waarde voor ons. Kijk maar, er zit niet eens bedrading aan."

De grote vierkante luidspreker die bij de radio hoorde, het was een antieke radio uit 1935, stond bij ons thuis. Althans, mijn vader had hem goed verstopt. Als er dan een uitzending van radio Oranje kwam, ging mijn vader met de luidspreker via de tuin naar het huis van mijn oom en daar sloten ze de bedrading weer aan om naar de uitzending te kunnen luisteren.

Ik kan me herinneren dat ik ook een keertje mee mocht. Dit was vast tegen het einde van de oorlog en ik was erg onder de indruk van de woorden van de Koningin, die via de luidspreker de kamer binnenkwamen. *"Gij weet hoe groot vertrouwen ik in den weerstand van ons geheele volk stel. Werkt allen eensgezind samen gelijk tot nu toe. Steunt elkander en blijft elkander helpen...*" Ik voelde me heel belangrijk en groot en kan toch niet ouder dan veertien zijn geweest.

Het leven ging tijdens de oorlog gewoon door en ook in 1944 ging ik gewoon naar school en ik haalde nog steeds kwajongensstreken uit. Zo stond er, onder een viaduct op weg naar onze school, heel vaak een NSB'er een krantje dat 'Volk en Vaderland' heette te verkopen. NSB stond voor Nationaal-Socialistische Beweging. Het was van 1931 tot 1945 een politieke partij die tijdens de Tweede Wereldoorlog collaboreerde met de Duitsers. De NSB'er was een oude man en mijn vriendje en ik waren snelle jongens en we wisten dat hij ons toch niet te pakken kon krijgen. Iedere keer als we hem zagen staan op weg naar school, zongen we luidkeels "Op de hoek van de straat staat een farizeeër, hij is geen mens, hij is geen dier, maar een NSB'er, met zijn krant in de hand staat hij daar te venten, met zijn 'Volk en Vaderland, voor een paar rotte centen".

Hij werd altijd woedend en probeerde ons achterna te rennen, maar we pasten wel op dat hij ons niet kon pakken. Wat me ook nog heel vers in het geheugen staat gegrift, zijn de Joden in de veewagons die vaak een tijd lang precies voor ons huis stilstonden. Mijn broertje Laurens en ik kregen dan wat eten van mijn moeder. Ik weet dat dit een paar keer is gebeurd. Onze ouders konden dit zelf niet doen als volwassenen, maar vertrouwden erop dat de Duitsers niets zouden doen tegen jonge kinderen. Mijn vader zei dan tegen ons "Ga maar gauw even wat brood geven aan die mensen in de wagons jongens". We klommen dan over het hek en liepen naar de tralies.

Om de dertig meter stonden Duitse militairen om de treinen te bewaken, zodat de Joden niet zouden ontsnappen. Meestal waren dit oudere mannen, geen SS'ers, want die waren veel strenger en zouden ons zeker hebben weggejaagd. De Joodse mensen stonden met de handen naar buiten door de tralies, ik denk dat dit in 1943 was. We gooiden het brood dan naar ze toe. We stonden heel dichtbij. Ze keken dankbaar, maar zeiden helemaal niets.

Het zijn herinneringen die ik liever wegstop, want ook als tienerjongen wist ik dat dit mensonterend was. De Duitsers lieten ons gewoon onze gang gaan. Ik had toen al het gevoel dat sommige Duitsers daar helemaal niet wilden zijn en ik kan me nu voorstellen dat ze geen keus hadden. Later heb ik wel verhalen gelezen van Duitsers die bijvoorbeeld weigerden om mensen te fusilleren, en vervolgens zelf werden doodgeschoten.

Wat ik me ook nog heel goed herinner is dat de Duitsers tijdens de bezetting een spertijd hadden ingesteld, een soort avondklok van acht uur 's avonds tot vier uur in de ochtend. Dit waren uren waarop de bevolking, dus met name 's nachts, niet de straat op mocht. Deze spertijd werd echt heel vaak veranderd en aangepast. Mensen die toch 's nachts moesten werken, hadden een speciale vergunning nodig van de Duitsers, dit werd een 'Sonderausweis' genoemd en ik heb heel sterk het vermoeden dat mijn vader zo'n 'Ausweis', zoals het ook wel werd genoemd, had weten te bemachtigen. Want hij ging vaak tijdens de spertijd op stap. Hij had het voor elkaar gekregen dat hij zijn fiets niet hoefde in te leveren, wat ook wel bijzonder was.

Hij ging zowel overdag als 's avonds op pad om te collecteren voor de blindenvereniging. Er werden heel regelmatig razzia's gehouden door de Duitsers. Een razzia is, eenvoudig gezegd, een georganiseerde klopjacht, meestal georganiseerd door de overheid, en in de oorlog door de bezetters, om groepen mensen op te sporen en op te pakken. Ook mijn vader werd heel regelmatig aangehouden, maar hij mocht altijd doorlopen of doorfietsen. Op de één of andere manier wist mijn vader de dans altijd te ontspringen. Ik weet niet hoe hij dit deed.

Mijn vader was een goede prater en kon mensen met charme van dingen overtuigen en hij kreeg altijd van alles voor elkaar, dat weet ik nog wel. Hij ging ook overal naartoe met de trein en nam dan de fiets mee in de trein. Mijn vader gebruikte de fiets ook om rogge te halen bij de boeren in de buurt. Ik kan me deze fiets nog zo voor de geest halen. Het was een Empo fiets met luchtbanden en niemand anders mocht erop rijden. De banden gingen heel vaak kapot en ik plakte me helemaal suf om hem weer te repareren, want ik had de opdracht gekregen om de fiets van mijn vader en de andere fietsen te onderhouden.

Er stond ook een fiets met houten banden in

de garage. Die banden veerden wel een beetje en de houten buitenband had een ijzeren bescherming, zoals je dat ook nu nog ziet op karrewielen. Dit werd volgens mij ook wel een 'ploffiets' genoemd. Als je over een weg met keien of klinkers reed, die er nog veel waren in die tijd, leek het wel of je hele lichaam werd herbouwd. Je werd helemaal door elkaar geschud. Verder stond er een fiets met tuinbanden in de velgen, zonder lucht die was waarschijnlijk van ome Henk en een fiets van mijn moeder. Eigenlijk waren het allemaal oude fietsen die veel reparaties nodig hadden.

Ik mocht ook een fiets gebruiken, met luchtbanden. Deze was kleiner dan de fiets van mijn vader. Omdat er tijdens de oorlog steeds minder materiaal voorhanden was, werden mensen wel heel inventief. Rubber werd natuurlijk ingevoerd en daarom schaars. Dat wat er was, hadden de Duitsers al ingenomen. Sommige mensen, heb ik van horen zeggen, gebruikten zelfs een wieltje van een step als voorwiel, wat wel handig was, want dit soort raar uitziende fietsen werden niet ingenomen door de Duitsers.

Voor een fiets had je een speciale

vergunning nodig, dus mogelijk had mijn vader zo'n vergunning voor zijn werk als collecteur voor de blindenvereniging, maar verzetsmensen vervalsten die vergunningen ook, dus wie weet was hij er wel zo aangekomen. We zullen het nooit weten.

Ikzelf werd onbewust ook een pion in het verzet. Ik werd namelijk met zekere regelmaat op pad gestuurd, een paar keer per maand toch zeker wel. Ik ging dan, altijd als het donker was en soms zelfs tijdens de spertijd, op de fiets naar Schalkhaar, ongeveer drie kilometer vanaf Deventer. Ik moest dan een zak rogge brengen naar een bakker in Schalkhaar en ik kreeg een roggebrood mee terug van de bakker. Mij werd niets verteld, alleen maar dat ik met een zak met rogge naar de bakker moest om een brood te halen. Ik wist dondersgoed dat er iets belangrijks in de zak zat, maar niet precies wat. Ik was denk ik dertien of veertien jaar oud.

Later begreep ik dat mijn ouders mij stuurden omdat ik nog een kind was en omdat kinderen door de Duitsers minder hard werden aangepakt en meestal gewoon mochten doorlopen of doorfietsen. Ik kan me overigens niet herinneren dat ik ooit ben aangehouden. Ik kwam ook zelden iemand tegen op straat, want de meeste mensen bleven binnen. Maar, op een avond, er was geen maan en helemaal geen licht, echt totaal donker, knalde ik tegen een andere fietser op. We vielen allebei op de grond, maar stapten weer op onze fietsen en reden snel door zonder iets te zeggen.

Bij de bakker aangekomen vertelde ik hem wat me was overkomen. Hij vroeg helemaal niet of ik in orde was, maar zei heel bezorgd "En de rogge Han, heb je de rogge nog?". Ik hoorde de schrik in zijn stem en dat was het moment dat ik me realiseerde dat ik iets geheimzinnigs deed, iets wat misschien wel verboden was. "Ja hoor, hier is de zak met rogge" zei ik. De bakker was duidelijk opgelucht.

Jaren later hoorde ik van mijn oom Henk dat er boodschappen van de ondergrondse in zaten, misschien wel vervalste documenten van of voor onderduikers. Ik kan me daar nu wel van alles bij voorstellen.

Er woonde op een gegeven moment ook een onderduiker bij ons voor een aantal maanden. Dit was toen wij alweer terug waren in ons huis, na de evacuatie. Het was geen Joodse man, maar iemand die voor de ondergrondse werkte. Hij had een broer, die ook in het verzet zat, die was doodgeschoten, dat herinner ik me nog. Maar zijn naam ben ik helaas vergeten.

Ik zie hem nog wel zo voor me. Hij at gewoon met ons mee. In die tijd aten we altijd aan de grote tafel in de keuken beneden. De onderduiker sliep op de kamer van mijn ouders en mijn ouders gingen in de eetkamer slapen met mijn broer Fokke. In diezelfde periode werden mijn ouders ook verplicht door de Duitsers om een kamer te geven aan de secretaresse van de Ortskommandant. Als gezin had je hierin geen keuze. Als je opdracht kreeg van de Duitsers om iemand te huisvesten, dan gebeurde dit ook.

Deze dame sliep in de woonkamer. Ze ging in de weekenden altijd naar huis. Gre was er toen ook nog en zij sliep in de tussenkamer. Wij sliepen al in de achterkamer van Gerritsma, die zelf in zijn voormalige kantoor ging slapen. De secretaresse at nooit met ons mee. Ook haar naam ben ik vergeten helaas, ze was denk ik ergens tussen de tweeëntwintig en vijfentwintig jaar oud. Ze heeft een aantal maanden bij ons gewoond, net als de onderduiker.

De trap die naar boven loopt vanuit de gang had een paar krakende traptreden, dat weet ik nog goed. Nu kraken ze niet meer, valt me op als we samen met Marion de trap oplopen om de rest van het huis te bekijken. Er komen weer allemaal herinneringen boven, want als de secretaresse zich stond te wassen in de badkamer - we wasten ons in die tijd met water in teilen - dan probeerde ik ongemerkt naar zolder te gaan, dus ik moest die traptreden omzeilen. Op de zolder, direct naast de leuning van de trap, zat een gaatje. Via dat gaatje, dat in een hoek van de badkamer uitkwam, kon ik precies zien wat er in de badkamer gebeurde. Dit deed ik dan ook regelmatig. Ik moest natuurlijk wel heel stil en voorzichtig doen, zodat ze me niet zou horen. Als ik vermoedde dat ze iets zou kunnen merken, glipte ik gauw het dak op en ging daar achter de schoorsteen zitten. Ik hoor mijn moeder nog roepen ... "Han, wat doe je daar op de zolder?" Dan hield ik natuurlijk stijf mijn mond dicht.

Op een dag kwam ik uit school en liep langs de kamer van de secretaresse. De deur stond op een kier en voorzichtig gluurde ik door de kier. Toen zag ik dat de secretaresse met de onderduiker in bed lag. Ze waren kennelijk verliefd. In de oorlog werden gewone burgers ook verplicht om voor de Duitsers te gaan werken. Dus ik betwijfel of deze dame een NSB'er was. Als zij wel van de NSB was geweest dan had ze vast onze onderduiker wel verraden en met hem mijn hele familie. Wie weet zat ze ook wel in het verzet en speelde ze zo een belangrijke dubbelrol.

We kunnen er alleen maar naar raden want de waarheid is niet meer te achterhalen. Wel herinner ik me heel duidelijk dat ik nogal verbaasd was toen ik ze samen in bed zag liggen en ik liep naar de eetkamer waar mijn ouders zaten. Ik vertelde hen wat ik had gezien en mijn ouders zeiden alleen maar "Ssssssst, mond houden Han, nooit tegen iemand vertellen". De onderduiker was maar drie maanden bij ons en ik vermoed dat hij daarna bij een ander onderduikadres werd ondergebracht. De secretaresse was op een gegeven moment ook weer het huis uit en heb ik haar nooit meer gezien.

Wim

"Tot morgen", zeg ik tegen Martin Groeneveld, mijn beste vriend. We zijn net samen teruggelopen van school naar huis. Ik gooi mijn schooltas op de grond in de gang en wil de deur achter me dicht doen, maar ik zie vanuit mijn ooghoek dat Wim eraan komt. Wim is niet alleen, maar met twee jongens van de Openbare school. Martin en ik zaten in die tijd op de Christelijke Mulo en Wim op de Ambachtschool, waar hij voor electricien studeerde. Net als ze voor de deur zijn, zie ik dat Wim wordt geduwd en ze roepen scheldwoorden tegen hem. Ik voel een ongelooflijke woede in mij opkomen en ren weer de straat op. Wim glipt gauw langs mij het huis in en ik begin er letterlijk op los te timmeren. Met gebalde vuisten raak ik de twee gasten waar ik ze maar raken kan. Ze druipen af en ik roep ze nog na "Kom niet aan mijn broer, anders krijg je met mij te maken"! Het duurt even voordat ik mijn woede kan loslaten en weer rustig word. De volgende dag zie ik één van die jongens lopen met een dik blauw oog. "Dat zal hem leren", dacht ik.

Ik had een heel goed contact met mijn broer

Wim, zoals hij door ons werd genoemd. Zijn officiële naam was Derk Willem van Nijen. Ik was weliswaar drie jaar jonger, maar toch waren we maatjes. Hij was wel heel anders dan ik. Ik herinner me nog dat ik vlak vóór de oorlog op gymnastiek zat en regelmatig in vechtpartijtjes verwikkeld was. Wim was daarentegen heel rustig en zachtaardig. Ik vond hem ook heel wijs, alsof hij een oude ziel had. Sommige mensen geloven dat zielen weer terugkomen op aarde en dat zou ik me bij hem zomaar kunnen voorstellen. Hij had al jong een brilletje, waarschijnlijk ook een reden waarom hij zo veel werd gepest, en was heel slim en technisch. Hij kon elektrische apparaten repareren en werkte na de ambachtschool, toen hij vijftien jaar oud was, voor een elektriciteitszaak. Hij werd dan ook regelmatig ingehuurd door bedrijven in de buurt als de machines niet werkten. Mijn geheugen laat me alweer in de steek, want de naam van het elektriciteitsbedrijf ben ik vergeten. Wel weet ik dat hij vaak klusjes deed voor Markus de melkboer, waar hij tijdens onze korte evacuatie in 1944 verbleef.

Ik heb helemaal geen idee hoe Wim bij het verzet terecht is gekomen, maar heel veel jongens van zijn leeftijd sloten zich aan bij de ondergrondse, dus vast en zeker ook jongens uit zijn klas, vrienden van hem. En Wim kon niet tegen onrecht, hij was heel gevoelig en ook gelovig en wat er met de Joodse mensen gebeurde in Nederland en ook in Deventer kon hij niet bevatten. Niemand van ons trouwens.

Ik weet inmiddels dat zowel mijn vader, Dhr. Gerritsma onze huisbaas, en mijn oom Henk tegen de Duitsers waren in de oorlog en zeker mijn vader ook acties voor de 'ondergrondse' heeft uitgevoerd, maar wat precies weet ik helaas niet. Ook weet ik dat Wim bij de gesprekken van mijn vader, Gerritsma en de gebroeders Tensen werd betrokken en dat hij genoemd wordt op de twee herdenkingsstenen in Deventer en Markelo. Ook staat zijn naam vermeld in de appendix van het boek 'De Ondergrondse' van Coen Hilbrink, maar er staan verder geen gegevens bij. Vervolgens wordt hij genoemd in het archief van de 'Oorlogsgravenstichting', maar hij wordt niet genoemd in de 'Deventer oorlogsboeken'. Op zich is dat niet zo vreemd. Zoals er bij ons thuis tijdens de oorlog niet over werd gesproken omdat dit te gevaarlijk was en er na de oorlog niet over werd gesproken omdat het te pijnlijk was, is alle informatie over mijn broer, en ik vermoed van nog heel veel verzetsstrijders, meegenomen 'naar de andere kant' om het zo maar even te noemen.

Voor wat mijn familie betreft vind ik dat nu wel jammer. We kunnen er niet meer naar vragen. Mijn broer Fokke was te jong om zich nog veel te herinneren, mijn broer Laurens heeft nog wel wat herinneringen, maar ook hij was vrij jong. Mijn broer Henk, die twee jaar jonger was dan ik, is al in 2010 overleden, dus ook hij kan geen verhalen meer delen. Wim wordt ook genoemd op de website van Struikelstenen in Deventer, een bijzondere organisatie die de herinneringen aan oorlogsslachtoffers in leven houdt. Er is dus geen twijfel over mogelijk dat hij wel degelijk een rol speelde in het verzet, temeer als ik me bedenk dat de gebroeders Tensen regelmatig bij ons over de vloer kwamen en die woonden in Haerst, dat is toch achtendertig kilometer bij Deventer vandaan. Dit doet vermoeden dat er een uitgebreid contact was tussen verschillende groepen verzetsstrijders. Mijn rustige broer, die wat verlegen overkwam en zeker niet agressief was, in het verzet. Ik blijf het wel bijzonder vinden en ben best wel trots op hem.

Vroeger woonden mijn ouders in Almelo, daar is Wim geboren. Mijn vader had samen met zijn broer Albert een groentezaak in Almelo, maar hij is daar op een gegeven moment uitgestapt. Vervolgens ging hij naaimachines repareren en deze weer doorverkopen. Pas tijdens de oorlog, toen we al in Deventer woonden, ging hij werken als collecteur bij de blindenvereniging, misschien was dit wel omdat hij dan zonder argwaan te wekken boodschappen voor het verzet kon doorgeven. Ik kan me er wel iets bij voorstellen.

In de beginjaren van de oorlog sliepen mijn broers Wim, Henk, Laurens en ik op de zolderverdieping waar één slaapkamer aan de voorkant was, met in het midden de deur en rechts en links van de deur een tweepersoons bed. In het ene bed sliepen Henk en Laurens en Wim sliep in het andere bed. Ik sliep op een matras op de grond van de zolder, dus niet in dat kamertje. Dit was aan de achterzijde van de zolder, een grote ruimte die verder niet in gebruik was. Je kon gewoon de dakpannen zien liggen.

Er was natuurlijk geen verwarming en de winters waren vaak erg koud. Ik herinner me nog goed dat we 's ochtends soms wakker werden en de lakens bevroren waren. We vonden het toen heel normaal. Pas na de evacuatie, dus ergens halverwege 1944, is Wim in zijn rug geschoten. Het is jammer dat er geen gegevens meer zijn te vinden over Wim. Wat zou hem toch precies overkomen zijn? Hoe is hij weer naar huis gekomen terwijl hij gewond was? Was er nog iemand bij? Was het een gewone Duitse militair, een NSB'er of een SS'er die op hem had geschoten? Was hij bezig met een verzetsactie of was het een verdwaalde kogel? Iets wat in die tijd ook nog weleens gebeurde. De waarheid valt, denk ik, niet meer te achterhalen.

Ik ben inmiddels negentig jaar oud en was destijds nog een tienerjongen, wat betekent dat eventuele overlevenden die in het Deventer verzet hebben gezeten allemaal dik over de negentig moeten zijn en dan ook nog eens goed bij de tijd met een helder geheugen. En dan zouden ze Wim nog moeten kennen. De kans om deze personen te vinden is neem ik aan nihil. Ik denk ook dat het normaal is voor mensen uit die tijd dat men traumatische ervaringen diep wegstopte.

Er waren vlak na de oorlog bij mijn weten,

geen psychiaters voor de gewone burgers en de meeste mensen wilden gewoon vergeten en een nieuw leven opbouwen. Onze toenmalige huisdokter, dr. Bruins, een grote, leuke man, kwam wel geregeld bij ons thuis om Wim te bezoeken.

Ook ons leven ging gewoon door na de oorlog. Mijn schaarse herinneringen wil ik echter toch delen, om mijn dappere broer, postuum, zoveel jaren na de oorlog, te eren en deze verhalen te bewaren voor het nageslacht. Nadat Wim gewond was geraakt kon hij niet goed meer lopen en ging hij slapen in de eetkamer waar mijn moeder een bed voor hem had opgemaakt. Wij, Henk, Laurens en ik, gingen toen ook beneden slapen in de slaapkamer van Gerritsma. Wim lag vrijwel altijd in bed en mijn broers en ik hielden hem iedere dag wel een tijdje gezelschap. Dat vond hij prettig. Hij kon zijn situatie heel goed accepteren, iets wat ik heel bijzonder aan hem vond. Hij had veel steun aan zijn geloof.

Vandaag zijn mijn broer Fokke en ik weer even terug in ons ouderlijk huis. De huidige eigenaren nemen ons mee naar de kelder. De deur zit in de gang net voor de trap rechtsaf en dan gelijk links. Het is wel een heel bijzondere ervaring. De kelder is heel groot en nog precies zoals in de oorlog. Het lijkt alsof we worden teruggeworpen in de tijd.

De laatste maanden van 1944 tot aan de bevrijding in mei 1945 waren er veel bombardementen in Deventer en we gingen altijd schuilen in de kelder. De scholen waren al gesloten omdat het te gevaarlijk was voor de leerlingen om nog naar school te gaan. Als het luchtalarm afging, wat dus heel vaak gebeurde, rende ik gauw naar de eetkamer waar mijn vader en ik Wim op een keukenstoel zetten en de trap af droegen naar de kelder.

In de kelder zijn twee ruimtes met een trap in het midden. In één van de ruimtes, aan het einde tegen de muur zit een verhoogd stuk. Daar hadden mijn ouders een bed op gemaakt voor Wim. Mijn ouders, met mijn broertje Fokke tussen hen in, en Gré, die nog bij ons in de kost was, sliepen in het midden, en Henk, Laurens en ik sliepen op een rijtje naast elkaar aan de andere kant van de kelder, aan de achterkant van het huis.

Waar wij sliepen zat ook een rooster voor ontluchting en een raam. Als we er uit hadden gemoeten in het geval dat ons huis zou zijn getroffen door een bombardement, dan hadden we het rooster omhoog kunnen duwen en dan via het raam naar buiten kunnen kruipen. Maar dat was gelukkig nooit nodig. Meneer Gerritsma bleef gewoon boven slapen. De secretaresse van de 'Ortskommandant' was toen al weg.

De wond van Wim wilde maar niet helen en vrij snel na de bevrijding werd hij naar het ziekenhuis gebracht, waar ze hem beter konden verzorgen. Daar verbleef hij de laatste twee jaar van zijn leven. Mijn moeder, mijn broers Henk, Laurens en ikzelf, gingen hem daar dagelijks bezoeken. Mijn vader kon niet iedere dag, maar ging toch zo vaak als hij kon. Fokke mocht één keer in de week mee. Ik was in die jaren nog steeds een baldadig gastje. Ik ging naar de gymnastiek en begon al wat te rommelen met allerlei vriendinnetjes. Ik wilde altijd stoer doen.

Zo ook toen er een potkachel van de zolder

naar beneden moest worden gedragen, die ging naar de kamer van Gerritsma. Ik zei tegen mijn vader "dat doe ik wel pa", maar ik kon het zware ding niet houden en deze donderde met een harde knal de trap af en schoot halverwege door de houten stijlen van de trap. Wim moest hier hartelijk om lachen.

Mijn eerste motorfietsverhaal kon hij ook wel waarderen. Toen ik net zeventien jaar was geworden, kreeg ik een motor van een broer van mijn vader uit Almelo, mijn ome Egbert. De motor was al jaren niet gebruikt en stond helemaal onder het stof. Ik heb deze toen zelf helemaal opgeknapt met de hulp van een bevriende monteur. De motor liep nog heel goed ondanks dat het een oude motor was, een 200CC Coventry Eagle uit 1930. Ik startte de motorfiets om hem mee te nemen naar de Fordgarage waar ik sinds kort werkte als typist om alle facturen uit te typen. Ik had nog helemaal geen rijbewijs en de motor was ook niet verzekerd.

Stoer wilde ik de garage binnenrijden, maar de garagedeur zat dicht en de rem deed het niet. De remstang van het achterwiel, er waren toen geen remkabels, was geknapt. Met de voeten op de grond probeerde ik te remmen, maar ik schoot dwars door de houten garagedeur met glazen roldeur van de Ford garage. Ik weet het nog heel goed. Ik schaamde me, maar was ook wel geschrokken. De motor, die helemaal krom was, stond half binnen en mijn handen zaten helemaal onder het bloed.

Een oude man, die aan de binnenkant van de garagedeur de vloer stond te dweilen schrok zo dat hij flauwviel. De monteurs in de Fordgarage schoten allemaal in de lach. Wim kon altijd genieten van mijn bravourverhaaltjes. Ik overdreef ook vast wel een beetje.

Wim lag op het laatst alleen nog maar in bed en toen zijn einde naderde, wist hij ook dat hij zou sterven. Hij was heel gelovig en ervan overtuigd dat hij naar de hemel zou gaan. Hij was mentaal zo sterk dat hij zelfs andere mensen kon opbeuren. Er was een ouderling uit de kerk, ik weet zijn naam nog, dhr. Den Ouden, die heel vaak bij Wim op bezoek ging. Zijn dochter was overleden in de oorlog en deze man was heel verdrietig, maar Wim kon hem altijd heel goed troosten. Hij was helemaal niet bang voor de dood en is uiteindelijk heel rustig ingeslapen in het ziekenhuis aan de complicaties van zijn verwonding. Op vijfentwintig juli 1947. Hij is twintig jaar oud geworden.

In de kelder kijken Fokke en ik nog even naar de plek waar Wim de laatste maanden van de oorlog heeft geslapen. Fokke vertelt: "Het was zomer 1947, ik was zeven jaar oud en voor een paar nachtjes bij de familie Brands in Brummen, dat waren goede vrienden van mijn ouders. Toen ik weer terug thuis was, liep ik snel naar de grote perenboom in onze tuin en heb vijf mooie, dikke peren geplukt. Ik wilde deze aan Wim geven. Ik mocht eenmaal per week mee naar het ziekenhuis. Ik kwam met de peren in de keuken en zei tegen mijn moeder, *"Deze wil ik naar Wim brengen"*. Mijn moeder nam mij op schoot en zei "Wim is bij de Here Jezus" verder zei ze niets".

De spoorbrug

Vanaf 1942 ging ik naar de Mulo in de Polstraat. Deze lag vlakbij de kade aan de IJssel. Als je uit school naar de kade liep, zag je rechts de 'schipbrug' liggen en ongeveer driehonderd meter verderop, richting Olst, lag de 'spoorbrug' die tijdens de oorlog zo'n belangrijke rol speelde. De eerste jaren van de oorlog was het vrij rustig en merkten we niet zoveel, maar in 1944 werd het ernstig.

Deventer was een belangrijke stad voor de Duitsers en met name de spoorbrug speelde hierin een rol. Nadat de Nederlandse verdediging op 10 mei 1940 een gedeelte van de spoorbrug had opgeblazen om de Duitsers tegen te houden, werd de brug snel weer gerepareerd door de bezetters en eind 1940 was er weer treinverkeer over de brug mogelijk. De spoorbrug was hierdoor een doelwit voor de geallieerden.

Het was een bizarre tijd en als ik er zo aan terugdenk ook een heel gevaarlijke tijd, maar je kunt niet altijd bang zijn. Iedereen ging gewoon door met de dagelijkse bezigheden, zo goed en zo kwaad als het ging, ondanks dat het luchtalarm regelmatig afging. Op een gegeven moment hadden we hout nodig in de winter voor de kachel zodat we warm zouden blijven. Mijn vader, mijn oom Henk, mijn beste vriend Martin Groeneveld en ik gingen naar het dennenbos in de wijk Borgele. We kapten een paar grote dennenbomen van wel twaalf meter hoog en deze zaagden we ter plekke met een grote zaag in twee meter lange stammen, om ze thuis in kleinere stukken te zagen. Het hout werd opgestapeld op een grote handkar van dhr. Gerritsma. Martin en ik kregen een touw om ons midden en trokken met zijn tweeën de kar aan de voorkant en mijn vader en oom Henk duwden de kar. We waren op weg naar huis toen plotseling het luchtalarm afging. We zijn toen hard naar huis gerend, naar de kelder. Nadat het weer veilig was buiten gingen we terug om de kar op te halen, maar iemand anders had hem al half leeggehaald! Toen moesten we de volgende dag weer naar het bos om opnieuw een paar bomen te hakken.

Het joelende geluid van het alarm ging weliswaar door merg en been, maar op een vreemde manier raakte je er ook aan gewend. En wij gingen gewoon naar school. Ik denk vanaf 1944, vooral na de zomer, ging het luchtalarm steeds vaker af. Het was een bijna dagelijks gebeuren. Alle leerlingen van mijn school moesten in de gangen van de school gaan staan wanneer het alarm afging. We stonden allemaal met de rug tegen de muren aan. In de gangen konden we de bommenwerpers horen aankomen. De reden waarom we in de gang moesten staan was denk ik omdat we dan snel weg zouden kunnen rennen als er bommen te dichtbij of op de school terecht zouden komen. Dit was niet ondenkbaar, maar gelukkig is dit nooit gebeurd. Als we naderhand vanuit school naar de kade liepen, konden we zien dat de spoorbrug steeds werd gemist, maar de schipbrug werd wel een keertje geraakt.

Vanaf september 1944, tegelijk met de geallieerde opmars in Noordwest Europa, werden diverse spoor- en verkeersbruggen in heel Nederland door bommenwerpers van de geallieerden aangevallen. Ook de bruggen bij Deventer, zowel de spoorbrug als de schipbrug. Echter, de Duitsers hadden een sterk luchtafweergeschut en wij, de jongens van de Mulo, hadden hier een beetje toe bijgedragen. Alle jongens van klas drie en vier van onze school en twee onderwijzers moesten enkele dagen achter elkaar, ik meen dat dit twee maal is gebeurd, meekomen met de Duitsers om mitrailleursnesten te graven in een weiland dat ongeveer honderdvijftig meter van de spoorbrug was verwijderd in de richting van Olst. We werden in twee groepen verdeeld, ongeveer tien personen per groep. Ik herinner me dit nog goed. Er waren overigens ook andere mensen bij die meehielpen. Men deed wat werd gevraagd, want de SS'ers kenden geen pardon en je kon geen nee zeggen.

We moesten grote, schuin aflopende kuilen graven in het weiland. Aan de voorkant waren deze ongeveer een meter diep en het liep een beetje rond. Hier moesten we riet in plaatsen en dat dan vlechten, zodat het een soort mat werd. De leraren hielpen ook mee met graven en gaven ons aanwijzingen. We werden hierbij gecontroleerd door twee oude Duitse militairen. Ze waren eigenlijk heel aardig. Deze mensen waren volgens mij de oorlog meer dan beu. Ze werden natuurlijk ook gewoon verplicht. Ik herinner me met name een oudere Duitse soldaat die altijd heel aardig was. Die zei steeds "Immer bitte ruhe und leise machen".... alsof hij zeggen wilden, "maak maar geen haast jongens". Een van de jongens uit mijn klas was een grote sterke jongen. Op een dag werkte hij niet zo hard door en stond even stil. Toen kwam er een SS'er kijken en de jongen zei als grapje "bitte Ruhe" tegen hem. Hij werd gelijk ongelooflijk in elkaar geslagen door de SS'er. Het was erg angstig. Achteraf gezien hadden we met elkaar best die SS'er kunnen aanpakken, maar als we zoiets hadden gedaan dan zouden er represailles worden genomen en er zouden vrijwel zeker een aantal ouders worden doodgeschoten. Iedereen wist dit, zonder dat we er met elkaar over spraken.

Maar ik heb ook een leuke herinnering aan het graven van de mitrailleursnesten. Op een dag, toen we met z'n allen aan het graven waren, kwam er een 'Spitfire' overvliegen, heel laag. Ik vergeet het nooit. We konden de piloot zien en wij stonden allemaal wild te zwaaien en te lachen naar de piloot. En zelfs één van de Duitsers zwaaide enthousiast mee. De piloot zag ons en zwaaide terug door de vleugels van het vliegtuig heen en weer te bewegen. Hij vloog een paar keer over de spoorbrug en weer terug. Dit was een geweldig moment voor ons. Dit moet ergens tegen het einde van 1944 of begin 1945 zijn geweest. De 'Spitfire' bleef in de buurt en opeens kwam er een stoomlocomotief aan die over de brug reed, maar midden op de brug stopte. Het moet een afgesproken verhaal zijn geweest, want de machinist en de stoker van de trein liepen heel hard weg. De 'Spitfire' kwam weer terug. We stonden er allemaal met ongeloof, maar ook met spanning en een gevoel van euforie naar te kijken. We waren ongeveer tweehonderd of direhonderd meter van de spoorbrug verwijderd. De 'Spitfire' schoot toen de locomotief aan flarden. Hij mikte op de watertank, zodat de druk ervan af ging. Zo'n watertank bevatte heel veel water wat werd gestookt met kolen en dit creëerde dan stoom om de wielen van de locomotief aan te drijven. Toen de watertank werd geraakt kwam er een zee van stoom los. Wij stonden met z'n allen te zwaaien en te joelen. De militairen die ons moesten controleren, zeiden helemaal niets, mogelijk waren ze vreselijk bang. De Duitsers konden dagen lang de brug niet meer gebruiken, want ze moesten eerst de trein wegslepen.

Alweer bekruipt me het gevoel dat het

eigenlijk wel spijtig is dat ik mijn vader nooit heb gevraagd wat er precies is gebeurd tijdens de oorlog en wat zijn rol en de rol van mijn broer Wim was. Het blijft nu bij herinneringen van mezelf en van mijn broer Laurens. Hij herinnert zich de munitietrein die een tijd stilstond bij ons voor de deur. Laurens vertelt "Ik vond de bombardementen op de spoorbrug en andere doelen in de omgeving heel beangstigend. Vooral ook toen de munitietrein voor ons huis stond. Dit was in september 1944. Er kwamen veel vliegtuigen over die probeerden deze trein te bombarderen. Gelukkig voor ons ging het mis en werd een huis aan de andere kant van het station geraakt. Deze trein is enkele dagen later wel geraakt bij Zutphen en helaas werd hierdoor ook een hele wijk zwaar beschadigd. Tegen het einde van de oorlog kwamen er steeds vaker vliegtuigen over. Op een gegeven moment kregen we te maken met de V1 vliegtuigen van de Duitsers. De V1, wat staat voor 'Vergeltungswaffe' (vergeldingswapen), was het eerste onbemande straalvliegtuig ter wereld. Er zijn duizenden V1's de lucht in gestuurd door de Duitsers en een groot deel hiervan vanuit Nederland, met als doelwit de geallieerden. Ook deze kwamen niet altijd op de bestemming aan. Dus als er V1's over kwamen, luisterden wij of de motor het wel deed, het sputterende geluid was heel herkenbaar. Ik was tien jaar oud in die tijd, maar het is iets wat ik nooit ben vergeten."

Ikzelf heb begrepen dat er tussen oktober 1944 en februari 1945 in totaal veertien bombardementen van de geallieerden op Deventer zijn geweest. Dit waren dan steeds meerdere bommenwerpers tegelijk. De sterke verdediging van de Duitsers maakte dat de geallieerden bijzonder hoog moesten vliegen en in plaats van de verschillende doelwitten, onder andere de spoorbrug, te raken werd helaas een groot deel van Deventer vernietigd. Veel verdwaalde bommen vielen op de stad en ook verschillende panden aan de Diepenveenseweg werden geraakt.

Ons huis is de dans ontsprongen. Behalve dat de glazen ramen regelmatig uit de sponningen sprongen en de dakpannen van het dak vlogen, bleef het pand onbeschadigd. Nadat de ramen voor de eerste keer uit de sponningen vlogen en ook de voordeur, met glas erin, er finaal uitvloog, timmerde mijn oom Henk, die hierin heel handig was, de ramen en de voordeur weer dicht met houten planken met daarin een klein raampje. Deze houten planken, en ook een aantal triplex planken, hadden mijn vader en ik, met de hulp van enkele buren, gestolen uit een voorraad werkplaats van de Duitsers. Die hadden een pand in beslag genomen, ongeveer tweehonderd meter van ons huis, waar ze hout en triplex op hadden geslagen. Er waren op dat moment geen Duitsers aanwezig, want ook de Duitsers probeerden te schuilen voor de vele bommen en granaten die werden afgevuurd.

Het was op een gegeven moment wel extra spannend voor ons, want het pand waar de 'Ortskommandant' woonde, werd een doelwit van de geallieerden. De 'Ortskommandant' woonde in een groot herenhuis op een hoek, tegenover het station en naast de kweekschool. Dit was vlakbij ons huis. Ik vermoed dat dit in de laatste maand van de oorlog was, toen wij continue in de kelder woonden. Op een dag viel er een bom heel dicht in de buurt van ons huis, ik voel de knal nog door mijn hele lijf denderen. Ik weet niet meer of dit een poging was om het herenhuis van de 'Ortskommandant' plat te gooien, maar het zou zomaar kunnen.

Nu we anno 2019 door ons ouderlijk huis van toen lopen, lijkt dit alles bijna onwerkelijk. We lopen de trap op naar de zolder en mijn jongste broer Fokke zegt dat hij zich nog kan herinneren dat we in de kelder stonden tijdens het luchtalarm. Ik herinner me dat moment ook nog. Er stonden tevens een aantal Duitse soldaten bij ons in de kelder. Mijn vader verzocht hen te vertrekken, maar dat deden ze niet. Door de enorme knal vlogen alle ramen weer uit de sponningen en een groot deel van het dak was verdwenen. Dit is één van de meest intense herinneringen van Fokke, die toen een klein jochie van vijf was. Hij was enorm geschrokken en wij allemaal natuurlijk.

Toen we, nadat de kust weer veilig was, het huis gingen inspecteren op beschadigingen, kwamen we op de zolder en kon je zo de blauwe lucht zien. Een heleboel dakpannen waren van het dak gevlogen door de klap van het bombardement. Mijn grootvader, opa Kortman, de vader van mijn moeder, was die dag bij ons en samen met hem ging ik na het bombardement naar het dak. Mijn opa stond op het dak en ik in de dakgoot, die dertig centimeter breed was en waar ik in kon staan. Dit was op tien meter hoogte. Ik gaf mijn opa de dakpannen aan die nog heel waren. De rest van het dak beschermden we zo goed en kwaad als dat ging met een oud stuk zeil zodat er geen regenwater naar binnen zou komen. Wij hoorden de granaten langs ons heen suizen. Ik zei tegen opa "Wat is dat suizende geluid opa?".... en hij zei "Dat bint granaten mien jong". We werkten gewoon door, gekkenwerk eigenlijk!

Ik denk dat mijn meest indrukwekkende en heftigste herinnering aan de oorlogstijd het moment was dat de geallieerden de spoorbrug en de schipbrug over de IJssel wederom probeerden te vernietigen. Dit was op 8 februari 1945. Doordat de bommen noodgedwongen op grote hoogte moesten worden afgeworpen, werden de doelwitten gemist. Er vielen die dag zestig burgerslachtoffers in Deventer. Een bejaardentehuis in het centrum van de stad werd ook getroffen en een goede vriend van mijn ouders, dhr Ordelman, woonde daar. Mijn vader werd door de brandweer of het Rode Kruis verzocht om naar de plek toe te komen om te helpen met de identificatie van slachtoffers.

Ik zei tegen mijn vader dat ik met hem mee wilde en dat vond hij goed. Er stonden kisten op een rij, die waren afgedekt, dus je kon alleen het onderste gedeelte van de benen zien, de sokken en de schoenen. En wanneer je vrij zeker wist wie het was, dan mocht je het gezicht bekijken. Ik weet nog dat ik tegen mijn vader zei "Volgens mij is dit hem pa". Mensen hadden maar één paar schoenen in die tijd en ik herkende zijn sokken en schoenen. Meneer Ordelman was inderdaad één van de slachtoffers. Ik heb dat later altijd weggedrukt maar nu, terwijl ik dit vertel, heb ik er wel last van. Ik voel me bijzonder emotioneel, want ik zie het nog voor me. Het bovenlichaam en de gezichten waren bedekt. Mijn vader keek wel naar het hoofd om de identificatie te kunnen bevestigen. Ik mocht dat niet en dat is denk ik maar goed ook.

Helemaal aan het einde van de oorlog viel er een heel grote Duitse V2 raket, de opvolger van de V1, hemelsbreed een halve km vanaf het ziekenhuis. Dit was ongeveer driehonderd meter vanaf ons ouderlijk huis aan de Diepenveenseweg. De Canadezen waren toen al dicht in de buurt. Er stonden al mensen buiten te kijken of de Canadese militairen er aan kwamen. Ook wij gingen vaak boven in de badkamer kijken, want van daaruit konden we de vliegtuigjes zien die in de richting van Schalkhaar gingen, waar de Canadezen al waren. De Duitse bezetters probeerden de Canadezen te raken en de Canadezen schoten weer terug. De Duitsers schoten nog steeds V1 vliegtuigen en V2 raketten de lucht in om Engeland te raken. Duitsland had helemaal aan het einde van de oorlog al raketten, de geallieerden nog niet. Maar deze raketten werkten niet zo perfect en het gebeurde regelmatig dat in plaats van Engeland te bereiken, ze weer recht naar beneden vielen. Een aantal hiervan kwamen in Nijverdal en Hellendoorn, maar ook in andere dorpen en steden in de omgeving terecht.

De grote bom in Deventer viel precies op het huis van een schoolvriend van mij, Herman Huizinga, ik kende hem alleen maar van de gymnastiek, maar hij kwam wel eens bij ons thuis. Toen de bom viel, stond ik in de garage om de konijnen te verzorgen. Ik stond precies onder een dak met draadglas, dat is glas waarin staaldraad is verwerkt. Ik denk dat mijn 'beschermengel' bij me was, want het dak knalde in duizend stukjes, precies boven op mijn hoofd, maar behalve wat kleine splintertjes in mijn armen had ik niets. Ik stond in een zee van glas. Ik ben me wel het apezuur geschrokken. Herman Huizinga had niet zoveel geluk als ik. Hij kwam op een wel hele trieste manier om het leven. Op de dag van de bevrijding, op 10 april 1945, iets eerder dan de rest van Nederland, werd er nog gevochten tussen de Canadezen en de Duitsers. Herman was de straat op gegaan, net zoals wij die dag en zovele andere mensen. Ik vermoed dat ook hij enthousiast de bevrijding wilde vieren, maar hij is toen geraakt door een verdwaalde kogel. Hij overleed ter plekke.

De Canadezen

De bruggen bij Deventer werden meerdere malen door grote aantallen bommenwerpers aangevallen. Keer op keer bleven ze overeind. Op zich werd de schipbrug niet veel gebruikt maar nadat Duitse troepen, vlak vóór de komst van de Canadezen, de spoorbrug zelf opbliezen op 6 april 1945 in een poging om de geallieerden tegen te houden, moest men noodgedwongen de schipbrug weer in gebruik nemen. Het opblazen van de spoorbrug heeft de Duitsers niet veel geholpen, want Deventer werd bevrijd door Canadese soldaten op 10 april 1945. De rest van Nederland werd bevrijd op 5 mei 1945.

Het zuiden van Nederland werd al in het najaar van 1944 bevrijd door samenwerkende Amerikaanse, Poolse en Canadese legers die 'de geallieerden' werden genoemd. De bevrijding ten noorden van de grote rivieren liet nog op zich wachten, ondanks meerdere pogingen van de geallieerden. Het was een heel zware winter, met name voor mensen in West-Nederland, omdat er bijna geen eten meer was. Mensen aten bijvoorbeeld tulpenbollen om in leven te blijven, maar veel mensen stierven van de honger. Dit werd 'de hongerwinter' genoemd.

Op acht februari 1945 begon 'Operatie Veritable' onder leiding van Generaal Crerar die vierhonderd duizend Engelse en Canadese soldaten onder zich had. De Canadezen waren met name van de 1e Canadese infanterie, die al vanaf 1943, na een landing in Zuid-Italië, richting noorden trok, waarbij ze belangrijke veroveringen op de Duitsers maakten. Uiteindelijk trokken de manschappen van Crerar de Rijn over, in de richting van Duitsland. De 1e Canadese infanterie trok vanaf zeven april via Duitsland richting het noorden om daar Nederland via de Achterhoek binnen te dringen. Via Doesburg, Zutphen en vervolgens Gorssel, Epse, Bathmen, Colmschate en Schalkhaar vielen ze op tien april Deventer binnen. Tijdens deze opmars hebben de Canadezen helaas wel veel schade aangericht omdat ze gebruik maakten van zogenaamde 'Crocodiles'. Dit waren tanks met een vlammenwerper die werden gebruikt om boerderijen waarin zich Duitsers hadden verschanst in brand te steken.

Ik herinner me de bevrijding nog heel goed. Toen we de eerste Canadezen zagen, pakten we snel de vlag die mijn moeder al onder uit de kast had gehaald en we renden naar de bovenste verdieping. In de badkamer aan de achterkant van het huis staken we de Nederlandse vlag uit het raam. Een piloot in een 'Spitfire' die overvloog zwaaide naar ons. Dat was een super mooi moment. Vanuit de badkamer hadden we goed zicht op wat er gebeurde. We zagen meerdere 'Spitfires' die luchtondersteuning gaven aan de geallieerden. De Canadezen kwamen van dezelfde kant als de Duiters tijdens de inval van Deventer. We waren allemaal thuis, Gerritsma ook. De eerste Canadese militairen die we zagen waren te voet, maar ze werden al snel gevolgd door drie 'Bren Gun carrier tanks'. De soldaten die te voet waren lagen toen al op de spoordijk aan onze kant. De drie tanks werden bij ons in de garage, die leeg was, geparkeerd.

De Canadezen gingen heel voorzichtig te werk. Ze liepen van portiek naar portiek met het geweer in de aanslag op zoek naar Duitsers die zich daar mogelijk schuil hielden. Aan de overkant van het station waren op dat moment nog enkele Duitse manschappen die terugschoten. In meerdere huizen in onze straat en ook in ons huis werden Canadese soldaten ingekwartierd. Er bleven continu twee soldaten met mitrailleurs voor de ramen van de eetkamer en de woonkamer op de eerste verdieping de wacht houden. Die ramen waren toen al met hout betimmerd en de soldaten staken de mitrailleurs door het kleine raampje in het hout. De Duitse militairen aan de andere kant van het station hebben zich vrij snel overgegeven, gelijk die eerste dag al.

Iedereen ging de straat op om de Canadezen te begroeten, wij ook, er was zoveel blijheid en opluchting, maar doordat er nog steeds werd geschoten was dit ook levensgevaarlijk. In totaal waren er voor die nacht een stuk of tien Canadezen bij ons in huis ingekwartierd en ze gingen om de beurt zowel overdag als 's nachts naar de eerste verdieping om de wacht te houden. Ik vond het allemaal heel indrukwekkend en spannend. De grote keuken beneden werd een soort verzamelpunt. Daar kwam iedereen om te eten en koffie te drinken. Ik herinner het me nog alsof het gisteren was.

Die avond, mijn moeder zat boven, werd het een gezellige boel in de keuken. Er stond een heel grote pan, waar mijn moeder altijd in kookte, op tafel en daarin werd alle sterke drank die er maar te vinden was bij elkaar gegooid en iedereen ging aan de borrel. Ik zat in die tijd op de Mulo en kon al een beetje Engels praten met de Canadezen. Ik voelde me wel een hele bink. Mijn vader was in een mum van tijd helemaal dronken en kon amper nog lopen. Ik kreeg helaas geen borreltje. Nadat de volgende dag de Duitsers die nog aan de overkant van het station gelegerd waren zich hadden overgegeven of waren weggevlucht, trokken ook de meeste Canadezen weer verder. Ongetwijfeld om te helpen de rest van Nederland te bevrijden. Er bleven nog wel een of twee dagen drie schutters bij ons in huis voor het geval de Duitsers toch weer terug zouden komen. Als er nog Duitsers op het station zouden lopen zouden die zonder pardon worden doodgeschoten.

Ook de eerste dagen na de bevrijding was een vreemde tijd. Deventer werd bevrijd op 10 april 1945, ik was toen vijftien jaar oud. Iedereen was blij en veel meisjes uit de buurt gingen vrijen met de Canadezen. Maar ik herinner me ook nog wel dat mannen en vrouwen van de Ondergrondse de hoofden van zogenaamde 'moffenmeisjes' en vrouwen die tijdens de oorlog een relatie hadden met een Duitser, het hoofd kaal schoren. Ze moesten dan door de stad lopen, zodat iedereen hen kon zien. Ook voormalige NSB'ers die met de Duitsers hadden gecollaboreerd, moesten met de handen omhoog door de straten lopen. Ze werden flink uitgejoeld.

Vlak na de bevrijding vond ik nog een handgranaat op de spoordijk, het was een Duitse handgranaat en ik besloot met een vriendje van mij om te gaan vissen in een inham van de IJssel, een gedempte gracht, die zich net aan de andere kant van het station bevond. Ik gooide de handgranaat in de gracht, ik weet niet hoe ik het wist, maar ik wist precies wat ik moest doen. Er volgde een enorme knal en gelijk dreven er een stuk of tien dode vissen op het water. We schrokken ons een hoedje en lachten van de zenuwen. De vissen hebben we niet meegenomen, we waren bang dat de politie eraan zou komen en liepen zo hard we konden naar huis.

Na de oorlog werd de stad weer langzaam opgebouwd. Mijn oom Henk begon een winkeltje waar hij horloges repareerde en verkocht. Mijn vader bleef werken voor de blindenvereniging en dhr Gerritsma ging weer door met zijn groothandel in suikerwaren. Ikzelf moest nog twee jaar naar school. Nadat ik mijn examen van de Mulo had gehaald, dit was in 1947, ging ik met zeventien jaar werken bij Garage Haaxman, de Forddealer in Deventer.

Mijn vader bleef een ritselaar, want ik weet niet hoe hij het voor elkaar heeft gekregen, maar toen er een oproep voor mij kwam om in dienst te gaan, er was toen nog dienstplicht, heeft hij ervoor gezorgd dat ik, en geen een van mijn broers, in dienst hoefde. We kregen allemaal vrijstelling omdat mijn broer Wim was overleden aan de gevolgen van zijn werk in het verzet tijdens de oorlog. Mijn dappere broer Wim, ik ben trots op hem en ik hoop dat hij met deze herinneringen van mij, die ik nu met iedereen deel, nog lang in herinnering mag doorleven.

Aan het begin van de oorlog waren er in Deventer elfduizend woningen, maar slechts tweeëneenhalf duizend van deze woningen kwamen ongeschonden de oorlog door, waaronder 'de Diepenveenseweg' nr

259 (nu 18). Bij deze bombardementen kwamen in totaal honderdvierenvijftig burgers om het leven.

Niet vergeten

"Een mens is pas vergeten als zijn naam is vergeten" staat er in de tekst van Werkgroep Struikelstenen Deventer.

Tijdens mijn zoektocht naar informatie over mijn oom Wim kwam ik zijn naam tegen in de website van Werkgroep Struikelstenen in Deventer. Struikelstenen kun je zowel in Nederland als in andere landen vinden, zoals Duitsland, Hongarije, Oostenrijk... Oorspronkelijk werden ze 'Stolpersteine' genoemd, een initiatief van de Duitse kunstenaar Gunter Demnig, tevens de uitvoerder van het project. Hij heeft intussen al meer dan 35.000 stenen in heel Europa geplaatst. Het zijn kubusvormige steentjes met een messing bovenplaat waarin een tekst wordt gegraveerd. Deze stenen worden in het trottoir geplaatst voor de huizen waarin bijvoorbeeld Joden en verzetsstrijders - vóór of tijdens de Tweede Wereldoorlog - hebben gewoond of van waaruit ze zijn verdreven.

Het doel van de werkgroep is deze herdenkingsstenen te laten plaatsen voor slachtoffers van de naziterreur in Deventer. Het gaat hierbij om Joodse mensen, verzetsstrijders, homoseksuelen en mensen die werden vervolgd door hun religie zoals Jehovah's Getuigen en Roma en Sinti families. De werkgroep wil ook een persoons- en/of familieverhaal van de slachtoffers laten maken.

Na lang speuren blijkt dat er verder niets bekend is over het aandeel van mijn oom Wim in het verzet. Er is geen twijfel over het feit dat hij een verzetsstrijder was, maar wat hij precies heeft gedaan, is niet te achterhalen. Om deze reden valt het – helaas!- nog te bezien of hij een struikelsteen krijgt op de Diepenveenseweg.

Maar wij zullen hem niet vergeten!

Nawoord Renate

"Goh pa, daar zou ik wel een boekje over willen schrijven" riep ik in mei 2019 toen er wat verhalen loskwamen bij mijn vader. Herinneringen uit de oorlogstijd toen hij nog een tiener was, die weer bij hem opborrelden nadat hij met zijn jongste broer Fokke een bezoekje bracht aan het huis aan de Diepenveenseweg in Deventer waar hij woonde tijdens de oorlog.

Ik heb ervoor gekozen zijn verhalen te verwoorden in de eerste persoon en zowel in de tegenwoordige als in de verleden tijd. Mijn vader, een bravour jochie, dat is hij eigenlijk nog steeds, nu negentig jaar oud, heeft de oorlog bewust meegemaakt. Zijn verhalen lijken avonturen en in zekere zin was dat ook zo voor hem.

Met dit boekje wil ik tonen dat je niet altijd bang kunt zijn, maar dat je dit ook terugziet in deze tijd. Angst is vaak de basis van intolerantie. Als we bang zijn iets kwijt te raken wat we beschouwen als ons eigendom, dit kunnen materiële dingen zijn, maar ook nationaliteit, eergevoel, geloof, politieke identiteit, cultuur, etc. dan wordt het al gauw aantrekkelijk om 'de ander' de schuld te geven.

Hitler was een 'master' in manipulatie en we zien dit soort figuren ook weer in de hedendaagse politiek in de hele wereld. Ogenschijnlijk intelligent, langzaam maar zeker inspelend op het gevoel van 'wij zijn beter dan zij, wij hebben meer rechten dan zij' en als je dat maar lang genoeg roept dan gaan veel mensen dit ook geloven. Intolerantie is een symptoom van angst en dit vertaalt zich al snel naar een ongevoeligheid voor die 'ander', ze worden 'verontmenselijkt'. En mensen die zichzelf als gul, eerlijk, menslievend beschouwen, kunnen opeens medemensen met een andere nationaliteit of ander geloof zelfs kleine kinderen haten en immuun worden voor wat er met deze mensen gebeurd, zolang het maar 'ver van mijn bed is'.

Wat er in 1940 tot 1945 in Europa gebeurde, vindt ook nu nog plaats op veel plekken in deze wereld. Gelukkig is er ook veel goeds en er zijn mensen die tegen dit onrecht, tegen deze intolerantie willen vechten, zoals destijds de familie van mijn vader. We hoeven onrecht niet te verdedigen en een terreurdaad, of dat nu een inval van een leger in een land is, of het doden van een hele bevolkingsgroep, treinkapingen uit de jaren zeventig, zelfmoord explosies of individuele terreuracties in naam van een religie gaat, dit zijn dingen die we zeker moeten bestrijden en zo mogelijk in de kiem smoren. Maar generaliseren werkt niet.

Niet alle Duitsers waren slecht of gevaarlijk, de secretaresse van de 'Ortskommandant' lag in bed met een jongen uit het verzet ... De Duitse soldaat die in de tweede wereldoorlog, zeventien jaar jong, dood werd geschoten omdat hij weigerde verzetslieden van zijn eigen leeftijd te doden, was geen slecht mens ... Niet alle moslims zijn slecht of gevaarlijk. Niet alle immigranten zijn slecht of gevaarlijk. De meeste zoeken een beter leven in een ander land, weg van 'levensgevaar' in hun thuisland of slechte economische omstandigheden. De meesten willen werken, een nieuw leven opbouwen en bijdragen aan de economie.

Ik ben ook een immigrant. Ik heb in Israël, Nieuw Zeeland en in Italië gewoond en nu woon ik alweer achttien jaar in Spanje. Ook hier is intolerantie, ook naar de buitenlanders toe, ik ben er daar één van. Ik weet hoe het voelt om niet helemaal te worden geaccepteerd, het hoort een beetje bij de status van immigrant en ja, ook als Nederlandse in Spanje in een klein dorpje hoor je er nooit helemaal bij. Zelfs niet als je getrouwd bent met een lieve Spaanse man, zoals ik. Maar één ding weet ik zeker, ook dit is gebaseerd op angst en vooroordelen. De enige manier om dat te doorbreken, is elkaar leren kennen met respect, met nieuwsgierigheid, met open armen. Het merendeel van de mensen is goed, dat geloof ik nog steeds. Wil jij ook bij deze groep horen?

Renate

Broninformatie

http://www.nederlandstegelmuseum.nl

https://mooifriesland.nl

https://oorlogsgravenstichting.nl

https://shoppenindeventer.nl/2017/05/03/deventer-in-oorlogstijd/

http://www.struikelstenen-deventer.nl

http://struikelstenen.nl/

https://nl.wikipedia.org/wiki/Geschiedenis_van_Deventer

https://nl.wikipedia.org/wiki/Schipbrug_Deventer

http://www.plankenloodsje.nl

http://www.genne.nl

https://www.verzetsmuseum.org

https://www.facebook.com/HerinnerJeDeventer

https://www.battlefieldtours.nu/operation-cannonshot/